幸せな人生のつくり方

今だからできることを

坂東眞理子

祥伝社黄金文庫

まえがき

私たちは日常の暮らしの中で悩んだり、迷ったり、怒ったり、苦しんだりしながらも「幸せに生きたい」と願っています。しかし「幸せに生きる」とはどういうことでしょうか。

新型コロナパンデミックの中でも、何が大事で何が不要なのか、新しい目で今までの生活を見直しました。家族も、仕事や働き方も、お金に対する考え方も大きく変わり始めました。その中で改めて幸せな人生とは何だろう、何が必要で何が不要不急か考え、自分の幸せはどうつくっていこうかと考えた人も多いのではないかと思います。

多くの人が必要としているのは、哲学や宗教ではなく、具体的な行動、日常生活の過ごし方、心の持ち方、考え方ではないでしょうか。

お金や地位があれば幸せになるわけではありません。心理学者のマズローは安全や生存の欲求が達せられた後で一番レベルの高い欲求は「自己実現である」と言っています。しかし今多くの研究者は、人々が一番幸せを感じるのは「自分が何かを成し遂げたとき」以上に自分の行為行動が人に感謝されるときだと言っています。日常的にも私たちは、人に感謝し、されるときに心が温かくなり幸せを感じるのを経験しています。「自分は損している」「自分は不運だ」と思うと心が貧しく不幸せになります。

私はこの本の中で、私たちはどう生きれば幸せになれるのか、いろいろな角度からの考えを紹介し自分の考えを述べています。

結論は**「今」を大事にし、「今」を充実させること**です。詳しいことは各章を読んでいただくのが良いのですが、どうしたら今を充実させることができるのかの実践的なアドバイスとしては、次の10カ条が有効だと思います。

第1条　**今**何かを**始める**ことが状況を変える。1頁でも読み始める、1行でも書き始める

第2条　**今**していることに15分だけ**心を込めて**取り組む

第3条　過去を思い出してはああすれば良かった、これが悪かったと思い返さない。これからどうなるかと、まだ起こっていない未来を妄想し、心配しすぎないで**今できる行動**をする

第4条　友人や知人の成功や幸運に「よかった」「おめでとう」「うれしい」と言う

第5条　大きな悲しみや苦しみに直面したときは、愛する人や仕事や趣味で気分を紛らわす
第6条　自分が受けた助け、励まし、好意を思い出し感謝する時間を持つ
第7条　身近な人に柔らかい関心を持ち、話す、挨拶、笑顔を向ける
第8条　少しでいいので人のために自分のお金や時間を使う
第9条　求援力、受援力、与援力をつける
第10条　自分を見捨てず、大切にし、人生を生き切る

ぜひ皆さんも自分なりに「今を充実する」にはどうすればよいか考えてください。「充実した今」を積み重ねていくのが、充実した幸せな人生をつくる秘訣《ひけつ》です。それが善く生きることにつながります。

目次

第2章 この危機を無駄にしない

第3章 今の時間を最高に充実させる

第4章　大切な人を大切にする

第5章　幸せに生きるために

第6章　求援力・受援力・与援力

第7章 楽しみを発見し一人を楽しむ

第8章 自分を大切にする

第1章　今できることをやるしかない

まず今日だけ（JUST FOR TODAY）

JUST FOR TODAY（まず今日だけ）。今日一日だけアルコールや薬物に手を出さないで過ごす。これは薬物中毒・依存から脱却するときに使われる療法だそうです。

この考え方はいろいろなところで応用できます。例えばダイエット。実は私はコロナ禍《か》の中で減量に成功したのですが、それは12時間断食するという単純なものです。夕食を食べたら何も食べない。夜の8時から朝の8時までです。1週間とか、3カ月とかの長い期間ではなく、12時間過ぎたら食べられる。明日の朝は大好きな葡萄《ぶどう》を食べよう、モモを食べよう、と思って、夕食後につい何かつまみたくなる誘惑に勝ちました。

おそらく、勉強も今日15分だけはやろうという積み重ねでしょう。毎日３時間勉強しろと言われると不可能だけれど、15分ならば今日できる。それを１週間続けるなら自分にもできる。悪口を言わない、掃除をしよう、体操をしよう、などの良い習慣を身につけるのもJUST FOR TODAYの精神で行なえばよいのではないでしょうか。３６５日いつも親孝行をすることはできなくても、親の誕生日にだけは親切にしてあげる、毎月その日だけは意識して親に優しい言葉をかける、何もしないよりよほど親を幸せにする行動です。

「人から受けた害を忘れ、人から受けた恩を忘れない」。これは道徳でなく人生を幸せに生きる秘訣《ひけつ》です。人に「感謝」すると自分が幸せな気持ちになります。しかし私にとっても多くの人にとっても常にそれを実行するのは困難です。人間はともすれば人から受けた厳しい言葉、嫌な言葉は思い出し、いじわるされた悔しい出来事は覚えています。それだけ心が傷ついているからでしょう。親切にしてもらったことや助けてもらったことは忘れます。でもそれを人間というのはそういうものだ、とあきらめてしまわない。自然に任せ忘れるままにしているのではなく、1日1回だけでも、例えば夜寝る前にベッドの中で3分間だけでも、あるいはお風呂の中の5分間だけでも、自分が今までしてもらってありがたかったことを思い出す習慣をつくる。今日うれしかったことを思い出す。それによって自分の気持ちが柔らかくなり、良い眠りが訪れます。JUST FOR TODAYではなく**JUST FOR 5 MINUTES**です。

「今」だけいいことをする。いつもはダメでぐうたらな自分だけれど、今日だけはいい人になる、人格をガラッと変えることはできないけれど、一つだけ良いことはできる、**それが今だけ、今日だけ、3日だけ、今週だけ、と長くなっていったら習慣が身につくのです。**習慣が人格をつくります。

楽観的に考えるために行動を起こす

なんで2020年にコロナが広がったか、と悔しい思いをしている人は多くいました。コロナのおかげでオリンピックが延期されてしまった、卒業式、入学式がなかった。留学に行けなかった、開いたばかりの店を閉じなければならない、などなどたくさんの悲しみや怒り、戸惑いがありました。

私たちの昭和女子大学も、２０２０年は創立１００周年、にぎにぎしく記念式典を行なう予定でした。それを盛り上げようと若手職員と学生が中心となって記念ソングを作ったり、ロゴを作ったり、準備をしていました。しかしこの状況では、参加者を絞り地味にせざるを得ませんでした。それでも心をこめて精一杯行ない参加できなかった人にはオンラインで配信しました。

こうした事態に直面すると、自分は運が悪い、ついていないと悲観的に受け取ってしまう人がいます。悲観的な人は、悪い出来事が起こると自分の運が悪いせいだと考え、これからも何をしても不運だと持続的、普遍的にとらえてしまいます。自分は幸運に恵まれない、いつもついていないから何をしてもダメなのだ、と思い込んで気力をなくしてうつうつと過ごすことになりがちです。

多くの調査、研究でも日本人は悲観的に考える人が多く、楽観的に考える人は少ない傾向があるそうですが、できるだけ楽観的に考える訓練をして本人の気分も上向き、幸せに近づくようにします。

では、どうすれば楽観的に考えることができるか。フランスの哲学者アランが言うように、楽観的になるには意志が必要です。気分に流されているとつい悲観的になります。周りの人への礼儀としてはできるだけ上機嫌に過ごすよう努めようと思っても、なかなかいつもはできません。「時には愚痴も言いたくなるし、周囲の批判もする」。そうした自分の気持ちを押し殺すのではなく、まず認めてあげること。

そのうえでウツ的気分を変える「練習」をする。気分に負けない練習をしてウツに負けない「力」を身につけるのです。第1ステップは、状況を感情を交えず冷静に把握する。これは決して自分に原因があるのではなく、自分は否応《いやおう》なしに巻き込まれているだけで、自分だけでなくすべての人が被害者だと、状況を冷静に把握する。そのうえで自分と異なる行動を取る人を批判したり、こうすべきだと自分の意見に固執したり、逆に自らを責めたりしない。自分があるいはあの人がウイルスを持ち込んだわけでもないし、まき散らしたわけではない。現実を直視し、起こった状況を感情を入れずに受け止めるのも練習です。

第2に自分はこの状況で何ができるか、何ができないかを考える。

今まで何気なく当たり前にしていたことができなくなると、こんな状況では何もできないとすべて投げ出してしまいそうになります。ここで何もかもダメとすべて否定してしまうのではなく、冷静に、今できることはないか見つける。例えば家にいる時間が長くなったのだから、今まで時間がなくて後回しに、先送りにしていたことに少しでも手を付ける。そして少しでもやったことをポジティブに受け入れる。

時間があればやろうと思っていた物置やクローゼットの整理、後で読もうと思っていたのに読まないで積んでおいた本を読む、丁寧に時間をかけて料理をする、そのうちにやろうと思っていた語学の勉強をする、ご無沙汰《ぶさた》していた方に手紙を書く、などです。

そうはいっても、後回しにしていたことはあまり好きでないことや、気が進まなかったことなのです。好きなことならば時間がなくても時間をひねり出します。嫌いなことや苦手なことは時間ができても、なかなか始める気になれないかもしれません。その場合は、自分が好きで前からやってみたいと思っていたことから手を付けるといいでしょう。とにかく、ダメだ、何もできないとふさいでいるのでなく、今具体的に何かの行動を起こすことです。あとで読もうと思っていた本を1頁だけ読みはじめる。あとで書こうと思っていた手紙を1行だけ書きはじめる。それによって「できた！」と自分自身が励まされます。コロナが落ち着いたらあれもやろうこれもやろうと思っているだけではだめです。今できることをどんな小さいことでも始めましょう。

今何かを始めることが、状況を変える鍵です。

今だからできること

コロナ禍のもと、私も予定していた講演や会合が次々とキャンセルになりました。あるいはオンラインに切り替えられて、直接人に会って話すことがすっかり減ってしまいました。

私だけでなく、たくさんの人が影響を受けました。東京オリンピック・パラリンピックは延期、高校野球は甲子園での試合は行なわれませんでした。音楽コンサート、演劇、オペラ、ミュージカルなどの公演も中止や延期になり、演奏者や出演者の収入はなくなりました。デビューしたばかりの若い人はチャンスが与えられず、高齢の舞台人が引退を決めたという話も聞きます。近所の長年続いたレストランも休業から廃業に踏み切りました。

昭和女子大学でも入学式、卒業式は誰もいない人見《ひとみ》記念講堂で式辞を述べ、オンラインで配信しました。新入生は一度もキャンパスに来ないまま4月24日からすべての授業がオンラインに切り替えられました。緊急事態宣言が解除された後も、大学発のクラスターが発生しないよう、夏休みまではオンライン授業を続けました。

私はその中で学生たちに次のように呼びかけました。

1、日常行動への呼びかけ

Social distance（社会的距離）をとることがあなたとあなたの大切な人を守ります。

体力は免疫力の基本です。

規則正しい生活、バランスの良い食事、しっかりとした睡眠、それに散歩、ヨガ、ストレッチ、ダンベル体操など一人でできる運動を1日30分以上は行なう。

2、今だからできることをするヒント

・いつもより時間をかけて新しい料理に挑戦したり、丁寧な掃除、服の手入れ、部屋の模様替えや整理整頓を行なう。

・家族との会話の時間を多くする。
・パソコン環境を整え新しいアプリや使用方法を試してみる。
・時間ができたら読もうと思っていた本を読む。
・時間ができたらしっかり勉強しようと思っていた語学の勉強を、1日15分でも30分でも行なう。
・今までの勉強の復習をしましょう。わからないままになっていた言葉や事柄を調べてみるチャンスです。
・やってみたいと思っていた時間のかかる趣味に挑戦してみましょう。
・友人やご無沙汰している人にメールやはがきを出しましょう。

この呼びかけは、まだコロナの正体がわからない時期だったので、今から見ると少し臆病だったように見えます。また大学生らしく教養を深めるため本を読もうとか、思索を深めようとかいう知的活動を呼びかけるものではないので「レベルが低い」と思われたかもしれません。これは知的活動を始めるだけの心の準備ができていない若い新入生たちに、具体的にすぐできる行動や心がまえを呼びかけたものです。

「今だからできることをする」という対処法は、学生だけではなく、すべての年齢のいろいろな立場に置かれた人たちに応用できるのではないかと思います。

3年余りのコロナによって失ったこともたくさんありましたが、わかったこと、新しく始まったこともたくさんあります。

一つはオンライン授業もそうですが、オンライン会議のシステムやパソコンを活用した在宅勤務が急速に普及しました。

　コロナまでは一部の人しか利用していなかった在宅勤務が、人との接触を削減しようという掛け声で多くの企業で導入されました。もちろん対面でなければできない仕事もありますし、業種による差もあります。大企業か中小企業か、役員や管理職か派遣社員、契約社員かなどの雇用形態の違いも大きく、差はありますが在宅勤務が普及しました。一方在宅勤務のない仕事もありました。医療、保育、介護や日常生活を支える流通に携わる人はエッセンシャルワーカーといわれましたが、そうした仕事をする人のおかげで私たちの生活が維持されていることがわかりました。

今やらなくていつやるの

予備校のＣＭで知られる林修《はやしおさむ》さんの名セリフ、「いつやるの？　今でしょ」は大学受験勉強をしている人への最適な呼びかけです。日本ではどの大学へ進学するかがのちの人生に大きく影響するので、大学受験生に呼びかけるこのセリフは現在の日本では正しいアドバイスといえます。

大学入試だろうが、大学院入試だろうが、資格試験だろうが、パソコンや語学の勉強だろうが、いつかそのうちに勉強しようと先延ばししていると、その「いつか」は、まずやってきません。

そのうちに、もう少し仕事が暇になったら、子供が大きくなったら始めよう、と思っている人はいつもどんなときも先延ばしする理由を見つけます。環境が100パーセント整うのを待っていたら何もできません。今、ただちに行動を始めることが何より重要なのです。そのうちに企業が補助金を出してくれるかもしれない、そのうちに企業から派遣されて勉強をさせてもらえるかもしれない、というのはすべて「カモ」です。実現するかどうかわかりません。ベストタイミングは「今」しかありません。

行動を起こすと決めたらあれこれ迷わずそれに集中し、持っている力を最大限につぎ込む。いったん行動を起こしたらあれこれ迷ったり、気を散らしたりせず、始めた行動に集中することです。

40代、50代、60代になると「もう年だから」という言葉を、行動を起こさない理由にする人が増えます。もう少し若ければ新しいことを始めることができるんだけれど、もう遅すぎる、と言っている人は、5年後にも同じことを言っているはずです。

私自身は子供を持った後にアメリカに留学しました。当時総理府で働いていてもう33歳でした。今さら留学しても若いときと違って英語は身につかないよ、公務員が大学へ行っても大した研究ができるわけではないよ、将来の出世にはマイナスだよ、無理して行くことないんじゃないか、などいろいろなアドバイスがありました。たしかに客観的にはそのとおりではありました。それでもそこで生涯の友人にも出会いましたし、公務員退職後、偶然ボストンキャンパスがある昭和女子大学に転職してアメリカ留学の経験が役に立ちました。今になってみると本当に行ってよかった、と思います。

一方、当時70代後半の親御さんの介護が必要になるかもしれないと、新しい転職の申し出を受けたのに断ってしまった50代の友人もいます。でも母上はその後15年お元気で、介護が本当に必要になったのは90歳を過ぎてからでした。現実にはまだ起こっていない未来を、「今」行動しない言い訳にしていると、いろいろなチャンスを逃します。**現実には起こるかどうかわからない未来を心配するより、いざその問題に直面したら全力で取り組めばなんとかなるさ、という「根拠のない楽観主義」で行動したほうが人生は豊かになります。**

コロナが怖いから友人と会わない、コロナに感染すると怖いから外へ出ない、と過剰な自粛をする人もいましたが、情報を集め、きちんと予防策を講じ、注意事項を守ったうえでなら、感染をむやみに恐れなくてもよいと思います。コロナがなければ始めるのだけれど、と言って何もしない人は、コロナがなくなってても別のできない理由を見つけます（どうですか?）。

何よりも、今できること、今ならできることを見つけて始めることです。

第2章　この危機を無駄にしない

せっかくの危機を無駄にするな
(NEVER WASTE A GOOD CRISIS)

Never waste a good crisis.(せっかくの危機を無駄にするな)

私がこの言葉を聞いたのは、日本マクドナルドホールディングス前会長のサラ・カサノバさんからでした。

2014年のマクドナルドは、鶏肉偽装問題や、翌年の異物混入事件などのスキャンダルが次々と発生して、業績は急カーブで落ち込んで経営危機に瀕《ひん》していました。着任早々のカサノバさんは、この危機の中で店舗の改修を次々と進め、落ち着いたインテリアに変え、健康志向の母親たちから支持の大きい新鮮野菜を使った新セットメニューの開発で商品の選択肢を広げるなどの改革を進めました。

そうした経営努力を進める中で、ともすれば落ち込みそうになる自分と社員に「Never waste a good crisis」と呼びかけたのです。この危機を活用しよう、今まで問題ありとわかっていても手を付けられなかった分野の改革をするチャンスだと、社員を鼓舞《こぶ》しました。危機の中でも給料を引き上げ、社員の接客レベルをアップし、業績を急回復させました。

彼女は、経営危機だったから改革ができたと言っています。

どの組織でも成功しているときや、そこそこ安定しているときは改革に抵抗する人がたくさんいます。うまくいっているときは今のままでいい、将来もなんとかなるだろう、と考えるのが普通です。変えるにはエネルギーが要《い》ります。しかしこのままではやっていけないという事態になり皆が危機感を共有すると、保守派も含め、改革に取り組まざるを得なくなります。それによって新しい状況を乗り切る力が生まれるのです。

例えば品川女子学院の理事長の漆紫穂子《うるししほこ》さんは、曾祖母が開校した学院に生徒が集まらなくなり、定員割れして存亡の危機に立たされたのを、副校長として立派に立て直しました。このままでは閉校だと学院の全員が認識し、危機感を共有し協力したから成功したのでしょう。

品川女子学院は女子生徒に自分が28歳のときにどういう女性になっていたいかと考えさせて、そのためには今何をすべきか戦略を立てさせる、高校生に起業体験をさせる、など次々と魅力的な新しいプログラムを始め、生徒と保護者の心をとらえました。絶対に学院をつぶしてはいけないという熱意を持った彼女に、古くからいる教員も協力して改革が成功したのです。

国の取り組みでも同じことが言えます。日本は1945年の敗戦の後は、まさしく焼け跡からのスタートでした。300万人以上の犠牲者を出し、国土は空襲で壊滅した中でほとんどすべての国民は、二度と戦争はしない、豊かな国をつくるんだと決心して経済復興、高度成長を成し遂げました。日本人はGOOD CRISISを無駄にしなかったのです。

今回のコロナも全く想定外の事態ですが、この災難からいかに立ち上がるか、すべての国が苦境の中で苦闘しましたが、回復の度合いは国により違います。

このコロナにより、大都市に集中して生活する不自然さがわかりました。もっと情報基盤を強化して自由に使えるようになれば、たくさんの人が在宅勤務ができて地方に住んで東京と仕事をすることが可能になります。地方に若い人が住めば長年実現しなかった「地方創生」が実現し、子供たちが地方で生まれ育つことができるかもしれません。

危機をいかに活用するか、企業も国も対応を迫られています。

同じことが個人や組織にも言えます。

大学の授業をオンライン化できることは皆知っていました。アメリカではオンラインだけで学ぶ大学も現れていました。でも日本では大学生はキャンパスに来て教室で教員の講義を聞くものだと信じられていました。

ところがコロナで急遽《きゅうきょ》すべての大学はオンライン授業をせざるを得なくなり、教員たちもトレーニングを受け、職員のサポートを受けながらオンライン授業に取り組みました。

「やってみたらできた」だけでなく、インターネットのいろいろな機能を使ってグループディスカッションができる、個人の質問を受けることができるなど、新しい方法があると喜んでいる教員もいます。コロナの間だけしょうがないからやらなければならないのだ、と不満げに取り組んでいるのでは、この危機を活用することができません。中にはオンラインスキルがないので引退する、担当授業数を減らすという教員もいましたが、多くの意欲的な教員は頑張りました（3年のコロナ禍の体験で、オンラインでできることは多いが、対面でなければ伝え切れない直接経験があることもわかってきました）。

同様のことが、多くの企業でも見られました。オンラインで在宅勤務になったら時間が有効に使える、通勤時間がなくなって浮いた時間で新しく大学院（もちろんオンライン）で学び始めたという社員もいます。一方、家では気が散って集中できない、上司から指示が来ない、そばに同僚がいないとすぐ助けてもらえない、全体の動きがわからないなどと在宅勤務になって効率が落ちたという社員もいました。同じ危機に直面しても個人によって対応は異なります。

常識を捨てる——一寸先は闇

これからはVUCA《ブーカ》社会だとよく言われます。VUCAとは、Volatility（変動性）、Uncertainty（不確実性）、Complexity（複雑性）、Ambiguity（曖昧《あいまい》性）の頭文字をとった言葉です。私はVUCAとは予測不能なつかみどころのない社会、すなわち**「一寸先は闇」の世界**と言えばいいのかなと思っています。

コロナがこれだけ大きな影響を与えるパンデミックになるとは、2020年の初めには誰も予測していませんでした。まさに一寸先は闇、想定外の事態が起こったのです。

予測不能な非常事態に遭遇したときにはどうすればよいか。多くの企業も大学も経験したことのない事態に最初は驚き戸惑いました。会議やイベントは中止になり、テレビ会議や在宅勤務が急に取り入れられ、大学も高校も卒業式に続いて入学式も取りやめ、多くの大学の授業は皆オンラインになり、キャンパスは入構禁止という前代未聞の事態です。手本にすべき前例もありません。

今までの常識が通用しない、常識にとらわれていては何もできない事態がこれからも必ず起きるでしょう。以前と同じように努力していけば何とかなるだろう、という過去の「常識」が通用しなくなります。

非常事態が起こったときにはどうするか。

前はこうしたから、今まではこれでわかってもらえるはずだから、という考えは通用しません。そのうえで今までできたことのなかで、まだ何かできることがあるか。すべて失われてしまったのか、今でも何か使える資源はないか、考え抜かねばなりません。考えても正しい答えがわかりません。それでもまずやってみる、それがうまくいかなかったら別のやり方に切り替える、その繰り返しでうまくいくやり方を見つける。

過去にとらわれないというのは、過去の成功体験が通用しないということです。5年前の経営危機は新しい投資に手を出さず、資産の切り売りでしのいだ、前の不況は人件費の削減で乗り切った、などという過去の成功体験は多くの場合、新しい状況では役に立ちません。新しい事態には新しい対処が必要です。過去の成功体験から身についた常識は通用しません。

昭和女子大学の例を紹介しましょう。1980年代から90年代の半ばにかけて短大が大人気でした。親たちも男の子は4年制の大学に進学させるが、女の子は優秀で勉強ができても短大に進学させるほうが就職も有利。卒業後良い企業に数年お勤めし、結婚退職して温かい家庭を作るのが女性の幸せなのだと信じていました。ところが90年代の半ばから急速に短大進学率は低下し、女子の4年制大学進学率が高まってきました。一通り広く学ぶのではなく、専門の勉強をしたいと考える女子が増えてきたのです。女性の社会進出はまだ本格的には始まってはいませんでしたが、男性と差別されない仕事に就きたいという志向が強まりました。そのニーズにこたえるべく、大学は改革せざるを得ず、短大を閉校しました。

先の節で触れたGOOD CRISISは、このように常識が通用しない新しい環境に適応せざるを得ない危機です。危機の中で、過去の常識、過去のやり方、過去の習慣を見直し、すでに賞味期限が切れてニーズがなくなった事業や設備はやめる、という決断で再生する。

一寸先は闇、今の順調な状況がこのまま続くことはない、危機に遭遇したときにどれだけ**思い切った手が打てるか**が危機克服のポイントです。思い切った手を打たなければ今を乗り切ることができないと皆が危機感を共有したときに、初めて再生が可能になるのです。

状況が変わらないと保守的に

今までの常識が通用しない危機に立たされたとき、死に物狂いで新しい活路を見つけようとする中で否応なく過去の常識を捨てる。それがGOOD CRISISですが、こうした危機がないと、どうしても保守的になります。

「昨日またかくてありけり　今日もまたかくてありなむ……」（島崎藤村「千曲川旅情の歌」）という毎日を過ごしているのが前例主義です。今までこれで問題がなかったのだからなぜ変えなければならないのだ……、今までのやり方がまずいというのは先輩のしてきたことを否定するものであり、変えても成功する保証はないというわけです。太平洋戦争のときの日本軍は過去の日露戦争の成功にとらわれ、世界の経済、科学技術の進歩を無視し、「大和魂」でなんとかなると信じ、戦略を変えることができませんでした。

民間企業の場合は、社会の変化がもろに業績に反映します。変化に対応できない企業は淘汰《とうた》され、倒産したり併合されたりし、社員も失業・転籍・減給もありえます。長く存続している企業もありますが、それぞれいろいろな波風を乗り越えてきています。現在公務員が保守的な理由は、倒産・失業の危機を70年以上経験していないからです。

第二次大戦が終わった後は今までの常識が通用しない状況で、いろいろな改革が行なわれました。憲法もそれに基づく法律も大きく変わりました。幹部は公職追放され若手が改革を担いました。しかしその後20年、30年、そして75年と基本的に安定した社会で、短期間を除き保守政権が続きました。安定した政権のもとで安定した職場だったので、変化を志向しない職場風土が定着しています。おまけに公務員の仕事は法律で権限が明記され、仕事の範囲も定められています。中央省庁の場合は、国際関係、経済構造の変化の中で日本が生き延びるためにはどうすべきか、法律を作ったり改正したりして変革、改善していかねばならないと思っていますが、多くの執行機関、出先機関、地方自治体などでは、決められた法律、政令、規則、条例などに従って仕事をします。

私自身は公務員の中では改革志向で、いつも、新しい仕事をしてきた自負があるのですが、外から見ると「官僚上がり」「元公務員」だから保守的だろうとみなされます。

公務員に対して政治家や国民から厳しい目が注がれるようになっていますが、公務員だけでなく変化に適応できない組織はたくさんあります。

じわじわと危機が忍び寄っているのに、それに気が付かない、これが「茹《ゆ》でガエル現象」です。だんだん自分の周囲の水の温度が上がっているのにもう少し我慢していれば何とかなるだろう、もう少しこのままでいける、と思っているうちにどんどん熱くなり、気が付いたら茹であがってしまうのです。

GOOD CRISISはカエルが「熱い！　もうだめだ！」とぬるま湯から飛び

出すきっかけになるのです。

第3章　今の時間を最高に充実させる

時間も疲れも忘れる、フローの状態

2020年の4月に緊急事態宣言が発せられ、学校は休校、職場に来なくてよい、図書館や美術館も閉館となり、旅行もするな、できるだけSTAY HOMEと言われて時間をどう使えばよいかと戸惑った人がたくさんいました。

第1章の3節で紹介したように、私は学生たちに、どこへも出かけることができず、授業もない、友達とも会えないというときは「そのうち時間ができたらしようと思っていたことをするチャンス」と呼びかけました。私もそのときは時間ができたから久しぶりに押し入れの整理でもしようか、と考えたのですが、途中で挫折しました。そのうちに時間ができたらしようと後回しにしていた片付けは、時間があってもしたくない、好きでない仕事だったからです。

ところが、本の執筆や手の込んだ料理のほうは喜々として取り組みました。やっぱり好きなことをするのは楽しく、気分が上がり、嫌いなことをしていると気持ちが落ち込みます。今の時間を充実して過ごすには、時間の過ぎるのを忘れるほど没入できる好きな仕事に打ち込むことが一番です。

ポジティブ心理学を構成する概念の一つに、**「フロー」**という概念があります。アメリカの心理学者ミハイ・チクセントミハイが提唱した概念です。

そのときにしている行為に完全に浸《ひた》りきって集中している状態です。芥川《あくたがわ》龍之介《りゅうのすけ》が『戯作三昧《げさくざんまい》』の中で滝沢馬琴《たきざわばきん》が戯作（著作）に浸りきって我を忘れ、時間の過ぎるのも忘れる状態を描いていますが、それは芥川自身の経験でしょう。私も、夢中で原稿を書いていて気が付いたら2時間経《た》っていた、3時間経過していたことも珍しくありません。おそらく研究者も芸術家も、研究や創作に打ち込んでいるときは時間の経つのを忘れているのでしょう。作曲家の場合はメロディが天から降ってくるといわれています。モーツァルトの曲はまさしくそんな感じで作り上げられたのでしょうね。

そうしたフローの状態になれば、それは**時間も疲れも忘れて没頭している充実した、とても幸せな時間**です。

どうしたらそうしたフローの状態になれるのでしょうか。何といっても好きなこと、得意なことに打ち込むことです。少なくとも自分が嫌いなこと、やりたくないこと、できないことに取り組んでもなかなかフローの状態にはなりません。私も苦手な片付けや掃除をしているときは時間を長く感じ、時計を見てはまだ15分しか経っていないのか、やっと20分しか経っていないのか、と感じてしまいます。

基本的に好きなこと、そしてその仕事のレベルが自分の能力より少し上、という仕事がフローになりやすいのではないかと思います。難しすぎると嫌になるか、あきらめてしまう、易《やさ》しすぎるとつまらなくて退屈になる。その中間のちょっと難しそうだけれど、やればできる、頑張ればできる、というレベル。今の能力のちょっと上を目指すのがよいのではないかと思います。

またいつも同じではなく目新しい課題であるとか、報酬がいい、成し遂げるとご褒美があるなどというのも刺激になるかもしれません。課題はもちろんあくまでそれは自分で進んで取り組む目標で、上司から命令されたり、義務だからやらねばならないと思う課題に取り組んでもフローの状態になることはありません。

やらなければならないことをする中で

フローの状態が幸せでも、いつもいつもそれに浸りきることはできません。

人生には生きていくためにやらなければならないことがたくさんあって、どんな天才も偉い人も、多くの時間が「やりたいこと」より「やらなければならないこと」で占められています。

私自身も朝起きて身支度をして朝食を食べ、通勤をして職場に行き、業務の打ち合わせをし、書類やメールの処理をして、講演や会議の準備をして、人と会い、ミーティングに出て……というやらなければならない作業に時間のほとんどが占められています。主婦ならば日常の家事を次々とこなさなければなりません。幸せな人生を生きる秘訣の一つはこうした日常のフローのような高揚感はないけれど、やらねばならないことをする時間の中からもそれなりの喜びや楽しみを見つけることです。「雑務」だといやいや行なうのでなくそこから別の喜びを見つける。日常的にこなしている仕事はいつの間にか負担は軽くなっています。その中から例えばおいしいコーヒーを淹《い》れたとか、通勤途中の道に花が咲いたとか、異動してきた人に仕事を教えて感謝されたとか、小さな喜びを発見することで幸せを感じる。

私が公務員をしながら本を書いていた時期は、執筆に集中できる時間は土、日や夜などあわせても１週間に６～８時間もあったでしょうか。毎日「好きなだけ本が書ける人、論文が書ける時間のある人はうらやましい」

と、思っていました。ところが自分が公務員から大学教員になり、自由裁量の時間は格段に増えましたが、急にたくさんの本を書けるようになったわけではありません。やはり日常的に対応しなければならない仕事はあります。何よりも「ぜひこのテーマで書きたい」という目標がないと、時間があっても集中して仕事をすることができません。公務員時代は、やりたいことがはっきりしているのに時間が限られている、時間の制約があるから集中せざるを得ず、執筆時間がフローになりやすかったのかもしれません。貧乏性だなと自分でもおかしくなるのですが、締め切りがないと仕事を終わらせることができない癖がついてしまいました。「どうぞ、どれだけ時間をかけてもよいですからゆっくり仕上げてください」などと言われると、エンジンがかかりません。

仕事と子育てをしている多くのワーキングマザーも、職場で「残業ができないから決められた時間内に成果を上げなければならない」と思うからこそ集中して仕事に打ち込めるのではないかと思います。大学でも役職に就いたり教育にも時間を割いたりして忙しい人のほうが研究にもしっかり取り組んでいます。時間制約というプレッシャーが集中度を上げるのかもしれません。

嫌な仕事はしないで自分がしたい仕事だけする、好きなこと、得意なことだけする、と決めつけているのは幸せではありません。成長する機会を失います。未経験の分野だったけれど担当しなければならないからと手掛けた仕事から、新しいライフワークに出合えるかもしれません。**「自分はこんな人」と決めつけてしまうと、新しいことに手を出さないまま縮小再生産の状態になり、どんどん小さくなっていってしまいます。**公務員時代は平均２年ごとの人事異動で新しい仕事を担当しました。私自身は正直な話、婦人問題担当室に人事異動で配属され女性政策を担当することになったときは気が進みませんでした。しかし、そこで出合った女性政策が今では私のライフワークになりました。

マインドフルネス　今を切に生きる

「今を切《セチ》に生きる」という言葉があります。第1章で言った「今できることをやるしかない」と通じる考え方です。

仏教に由来する言葉ですが、私は人生を生きるうえで、とても重要な真理を表わす言葉だと思っています。過去を後悔しても思い悩んでも過去を変えることはできない、未来をいくら思い悩んでも何が起こるか予測通りに進むはずがない。これはコロナのように想定外の事態に直面したすべての人が痛感したはずです。そうした過去や未来について悩んでいる暇があるならば、今やっていることに全力で取り組む、今の良いところに気が付く、今の状況を感謝するということが大事です。

仏教の言葉というと古臭く、非科学的で時代遅れ、情報化の進む現代には適合しないというイメージがあるかもしれませんが、マインドフルネスと言えばぐっと現代的に聞こえます。マインドフルネスは現在のアメリカでブームであり、多くの実践者を持っています。発祥地になったアメリカの西海岸では1960年代、アメリカの主流だったキリスト教と異なる東洋の価値観に共鳴するヒッピーのような人たちが多くいたので、その影響があると言われます。マインドフルネスの普及には多くの人がかかわっていますが、ベトナム出身の僧侶であるティク・ナット・ハンと、MITの教授のジョン・カバット・ジンが大きな役割を果たしたとされています。ジョン・カバット・ジンはマインドフルネスを医療の現場に導入しました。マインドフルネス・ストレス低減法と呼ばれ、慢性的な痛みや、ストレスによるがんや心臓病などの病気を持つ患者のために開発され、効果を表わしました。

またここからマインドフルネス認知療法が開発されました。マインドフルネス認知療法は、否定的な考えや行動を繰り返さないことでうつ病の再発を防ぐという療法です。

マインドフルネスとは、「今この瞬間」に注意を向けることを大切にすることです。**「今この瞬間」を二度と来ない、かけがえのないときとして大事にする。**逆に言えば、今を大事にしない人が多いのでマインドフルネスを意識することが重要なのです。

人は誰でも今この瞬間を生きているのですが、ともすれば心ここにあらずというか、今現在自分がしていること、状況に注意を向けないで過ごしている時間が多くあります。これがマインドワンダリングといって、心がさまよう状態です。例えば人の話を聞きながらほかのことを考えている、料理をしながら、掃除をしながら、昨日人の言った言葉を思い出したり、自分の行動を気にしたり、これからのことを思い悩んで今に集中しない。普段の生活で今手掛けている作業に心を込めて集中していないことがよくあります。教室にいてもほかのことを考えながら授業をぼんやり聞いている学生、職場での報告書や書類を機械的に処理している事務員などを見て、心を込めていない、集中力がない、だから生産性が低いんだ、と批判するのは容易です。しかし私たち自身も過ぎたこと、これからのことをとりとめなく考えて、「今」に集中していないことが多々あります。過ぎたことをくよくよしてもしょうがない、これから起こることを思い煩《わずら》っても何もならない、そういうことで不安になったり、悩んだりするより、今この瞬間に心を集中するべきだという考え方がマインドフルネスです。

マインドフルネストレーニング

でも、いくらもっと今この瞬間を大事にしろ、余計なことを考えるなと言っても、なかなか実行できない人が多いのですが、そのための訓練の一つがマインドフルネストレーニングです。

例えばマインドフルネス・イーティングとして行なわれる訓練の一つは、

ほかのことを考えず一粒の干し葡萄《ぶどう》を食べることに集中します。できるだけ時間をかけ、ゆっくりゆっくり舌で皮の歯触りや果肉の舌触りや甘さを少しずつ味わい、食べることに心を集中します。普段の食事では食物の味に集中するのでなく、会話を楽しむ機会として、家族団らんや社交の目的が優先され、食事に心を集中することをしませんが、マインドフルネス・イーティングでは禅寺の修行僧の食事のように静粛に食べなければなりません。食べるときは一つ一つの食物の味、香り、歯触りなどを感知し、食べる喜びに浸る。食べることができる自分の健康、調理してくれた人、作物を育ててくれた人や漁をしてくれた人に感謝する。一杯のお茶も、いただくその瞬間に集中し、その香り、うまみを深く味わうことで、喜びを感じる。

食べることだけでなく、歩く、お経を唱えるなど、特定の活動に集中することでマインドフルネスの状態に入るトレーニングもあります。

一般的に行なわれるのは、正座し呼吸に集中する瞑想法です。体をリラックスさせて半眼《はんがん》にし、まずは吸って吐いてと自分の呼吸に集中する、心が穏やかになったところで、自分の考えていることを、今自分はこんなことを思っているのだと客観的に見つめる、そのうちに無念無想というのでしょうか、特定の思いにとらわれない境地になるのを目指します。なかなか無念無想には没入できず、雑念が次々に湧いてくるのですが、それを無理に退けるのではなく、できるだけ自然に呼吸に専念する。

このように説明すると「あれ、禅宗で行なう座禅と同じではないか」と思う人も多いでしょう。先にも触れたとおりマインドフルネスのルーツは仏教の禅で、マインドフルネストレーニングも座禅から宗教色を除いたものです。座禅と同じくマインドフルネストレーニングを重ねると、心が平静になり、過去の怒り、焦《あせ》り、将来の不安にとらわれることがなくなり、今に集中する状態に入りやすくなるそうです。

マインドワンダリング

マインドフルネスは今に集中する状態ですが、その対極に位置するのがマインドワンダリングです。心ここにあらずさまようというのでしょうか、今行なうべきことがあるのに、つい余計なことを考えてしまう状態です。

教室で教師が一生懸命講義をしていても、それを聞き流し心の中では友達の言ったことを思い出していたり今日のランチの店を考えたりしている。会議に出ていても議論に集中せず、ぼんやり聞き流している。報告書を書いているのにテレビを気にしたり、ほかにしなければならないことを思い出したりして、集中できない。夫や子供が話していてもしっかり聞かず、上《うわ》の空《そら》で聞いており、ちゃんとコミュニケーションが取れない。

こうしたことは日常生活では山ほどあります。特に家庭の主婦は、やらなくてはならないこと、やるべきことがあり、同時並行的にいくつもの仕事をこなしています。洗濯機を回しながら料理を作る、子供と話しながら掃除の手を休めない。子供を遊ばせながらママ友とおしゃべりする。

女性脳の特性は、同時並行的に複数の業務をこなすことができることだなどという説もあります。私も公務員として働きながら子育てをしていた頃は、ニュースをつけっぱなしで洗い物をする、新聞を読みながらシチューを煮込み、そのうえ子供の学校への持ち物をチェックするなどというダブルシフト、トリプルシフトの作業をすることが当たり前でした。

しかもそういう生活を「効率的」と信じ、時間の使い方がうまいと内心自賛していました。一つのことに集中するなんて暇な人にしかできないね、くらいに思っていました。

ところがこのマインドフルネスの反対、つまり同時並行的にいろいろなことをこなす忙しさは、漢字の通り心をなくしている状態で幸せと程遠く、実は効率も悪いらしいのです。私も同時並行でお風呂に水を張っていたら溢《あふ》れてしまった、煮込み料理を焦《こ》がしてしまったという経験は山ほどあります。その後始末《あとしまつ》で時間を取られ、自己嫌悪に陥《おちい》るなど、いろいろなことを同時並行でこなすのは効率的でも効果的でもないことが多いのです。同時並行でほかの仕事もしながら報告書を書くと書き上げるまで時間がかかり、出来上がりの水準もいまひとつ、ということは珍しくありません。もっと残念なのは、子供や家族とのコミュニケーションの質が低下し、心が通じる愛情ある関係を築けないことです。そうなると自分自身も幸福感がないのです。

ハーバード大学の社会心理学者のM・A・キリングワースとD・T・ギルバートは、マインドワンダリングについての実験結果を2010年に発表しています。それはiPhoneのアプリを使って、実験参加者の日常生活の行動や感情をリアルタイムで報告してもらうというものでした。その結果、サンプルの46・9パーセントにマインドワンダリングが観察されました。起きている時間の半分足らずの時間がマインドワンダリングで、その間はそうでないときに比べ、幸せを感じていませんでした。それに加え、前のマインドワンダリングの状態は今の気分を落ち込ませていました。今に集中していないときに、多くの人の意識は過去や未来に向かうからです。昔の出来事を思い出してくよくよする、将来起こるかもしれないことを心配して不安に思う。過去にしろ、未来にしろ、自分のどうにも変えることのできないことを「妄想」して悩んで疲れているのです。

すでに起こってしまったことを思い出し、悩んでも、過去を変えることはできません。またこれから起こるかもしれないことを、ああでもない、こうでもないとくよくよしても仕方がありません。心配事は本当に起こることはほとんどなく、「妄想」に終わることが多いからです。例えばコロナに感染したらどうしよう、とびくびくしているだけではしょうがありません。感染しないように努力しても感染することはあると覚悟して、その場合、どのように入院や療養の手続きをするか、職場などに報告するか、隔離するかを大筋だけ考えておく(書いておくほうが良いでしょう)。そしてあまり細かいケースまで考えず計画を立てたら、そのことは忘れるよう努める。それ以上くよくよ考えないのが正しい対応です。

マインドワンダリングで気分が落ち込むのは、過去のうまくいかなかったこと、失敗、苦しい経験、恨みを思い出すからです。それなら過去の幸せだったこと、親切にしてもらったこと、世話になったことを思い出せば幸せな気分になると考える人もいるかもしれません。しかしそれは意識して行なわなければ、なかなか自然には思い出しません。自然に任せてぼんやりしている状態では、心に傷を残した悲しいこと、嫌だったこと、つらい経験のほうを思い出してしまうのです。マインドワンダリングの状態から脱するには、**意識して目の前の仕事、今自分が手掛けていること、今自分に話しかけている人の話に集中することです。**今に集中することが一番確実な幸せになる近道です。

くよくよすると脳は疲れる

先ほどマインドワンダリングで心ここにあらずで、目の前のタスクに集中していないと気分が落ち込むと言いました。

多くの人は仕事に集中して全力投球していると疲れると思っていますが、これは間違いです。集中していると疲れず、終わった後もスッキリしています。実は目の前の仕事に打ち込まないで、**ぼんやりしてほかのことも考えているときのほうが脳は疲れている**のです。

マインドワンダリングしているときに、脳はどういう状態なのでしょう。

例えばスマートフォンをぼんやり見ているといろいろな情報が目に入ってきて、心がとりとめなくさまよう状態になります。脳は意識してしっかり仕事をしていないときも情報に次々と反応し、エネルギーを使っています。ぼんやりしていても脳は活動しているのです。心ここにあらずでも働き続ける脳は、膨大なエネルギーを必要とします。不思議なことにぼんやりしているときの脳の活動は、意識的に活動しているときよりも格段に多いエネルギーを消費しているそうです。ぼんやりしているときも膨大なエネルギーを消費するので脳は疲れ、私たちは疲労感を感じます。残念なことに現代の私たちの周りにはマインドワンダリングの状態をもたらすもので溢れています。スマートフォンはその最たるものですが、つけっぱなしのラジオやテレビ、インターネットサーフィンでとりとめなく画面を流しているとマインドワンダリングの状態になります。

逆に全力でスポーツをするのに集中していると、筋肉は疲れますが、脳はほかのことをあれこれ考えたりくよくよしたりしないので、かえって気分がリフレッシュされスッキリ元気になります。

良くないのは、ぼんやり過去の悔しい失敗や悲しい経験をとりとめなく思い出し、あれが悪かった、これがだめだった、自分はそのことで苦しい思いをした、とくよくよする。しかもそれを繰り返し思い出し、自分の意識の中で反芻《はんすう》することです。これは脳を非常に疲れさせます。こうした反芻思考はうつ病患者によく見られるそうですが、うつ病患者の多くは疲労感、倦怠感に苦しみ、何もする気力が湧かない状態になっています。

ストレスをためないためには、スマートフォンやパソコンやテレビのない環境に身を置く時間を持つのが大切だと言われます。マインドフルネストレーニングはそうした情報を遮断し今の自分の状態に意識を集中し、余計なことを考えないようにしてストレスを低減させます。

私は仕事に集中することもストレスをなくすうえで有効だと思っています。フローとまでいかなくても、集中しているときは疲れません。

ぼんやり、あるいはいやいや気が乗らない仕事をするのではなく、集中して取り組まなければならない仕事をすることは、マインドフルネスと同じような効果をもたらすと思います。心を込めて料理を作る、心を込めて手紙を書く、心を込めて掃除をすれば、いい加減に仕事をこなしているより楽しく、幸せになり、しかも疲れないのです。

第4章　大切な人を大切にする

大切な人を大事にする

あなたにとって大切な人は誰でしょうか。若い人なら恋人、ボーイフレンド・ガールフレンドと言うかもしれません。あるいはひいきにしているスポーツ選手やタレント、支持する評論家を挙げる人がいるかもしれません。しかし大多数の人にとって大切な人は身近な家族や友人でしょう。親と子、兄弟姉妹などはかけがえのない人生の伴走者です。

ところが家族が自分にとって大事な人だと理解していても、日常接する機会が多いので感情の行き違いも起こりやすく、親子、兄弟姉妹、夫婦の間でも憎み合ったり、反発を感じたりすることも珍しくありません。

親と子の関係で言えば、子供の数が減ってきたこともあるのでしょうが、親の愛情を過剰に注がれて、押しつぶされる子供もたくさんいます。逆に親からの虐待、ネグレクトなどの愛情の欠乏に苦しんでいる子供や、親が十分愛してくれなかったと大きくなっても親への恨みを鬱積《うっせき》させている例もあります。

親の愛が公平に注がれなくてきょうだいの間がぎくしゃくしている、相続問題がこじれて憎み合っているきょうだいなどのケースを見ると、家族というのは一番大事な人であるはずなのに、なんでこんなに問題が多いのか、と考えさせられます。家族の人間関係はそう甘いものではありません。甘い期待を抱くから、それが満たされず、こじれてしまう。

私は家族関係、特に夫婦関係を平和に保つためにはソーシャルディスタンスが必要だと言っていますが、近しき仲にも礼儀あり、というのでしょうか、**家族に対しても、期待しすぎず甘えすぎないことが大事**です。夫が定年退職したり在宅勤務になったので夫婦げんかが増えたという声があるように、いつも一緒にいると嫌なことも目につきます。少し相手と距離をおくことで心のバランスが保たれます。

そもそも家族というのは飢餓《きが》や災害、病気や障害に苦しんでいるときに、否応《いやおう》なしに助け合わねばならない集団でした。力を合わせて食べ物を手に入れ、その乏しい食べ物を分かち合い、自分で生活できない乳幼児や高齢者を支えるのもまず家族の役割でした。お互いに反発してうまく助け合えない家族は生き延びることができませんでした。

今、家族の人間関係が希薄になっているのは、家族が助け合わなくても生きていける、豊かで平和な時代になったということの反映です。年金や介護や医療、教育などが、昔は家族が担っていた役割をはたしています。家族がいなければ生きていけない時代ではなくなったのです。一人暮らしの人が増えているのもそのためでしょう。

私はこの現象を、核家族が核分裂家族になったと表現しています。夫婦と未婚の子供からなる核家族は一番基本的な集団として「核」家族と言われてきましたが、その核家族も離婚でバラバラになる、子供を持たないという選択をする人もいる、そもそも結婚しないで一人暮らしをする、と分裂しているのです。

しかし核分裂家族時代だからこそ改めて家族の大切さがわかってきたのではないかと思います。夫婦はお互いに大事にしないと離婚に至る。離婚したくなかったら、お互いを大事にする。私は「夫婦は壊れ物。大事に扱わないとひびが入り、壊れる」と言ってきました。女性は離婚したら食べていけない、子供を養うことができない、だからどれだけ浮気されても、暴力を振るわれても、悪口や暴言を浴びせられても、馬鹿にされても我慢しなければならない、忍耐が女性の美徳という時代ではなくなりました。男性は、生活費さえ稼げば、妻が家事、育児、介護などを行なうのは当たり前だと思わず、相手とコミュニケーションに努め愛情を伝えなければ夫婦関係は破綻すると覚悟しましょう。コミュニケーションと言っても別に長々と話さなくても、ちょっと気遣う、ちょっと感謝する言葉を口にするように努め、相手の話に耳を傾ける。気に入らなかったり、嫌だと思ったりすることをそのままストレートに言うのではなく、相手にどう伝えるか、ほんの少しでも考えることです。

家族なのだから何も説明する必要はない、わかってくれて当然だと思っていると大間違いです。夫と妻だけでなく、親子も愛情を示さなければ伝わりません。それには子供のときから親と話す習慣を持つことが大切です。親もどんなに忙しくても子供の話を聞かねばなりません。特に男の子は無口で当然と受け入れられるので、意識して話す機会をつくるのは必要な習慣です。

多くの人が亡くなるときに「もっと家族と過ごす時間を大事にすべきだった、もっと長く一緒に過ごすべきだった」と後悔するそうです。もっと仕事をすべきだった、もっと趣味にいそしむべきだった、お金をもっと稼げばよかったと後悔する人はあまりいないようです。

私はどんなに忙しくても、夫婦、親子は1日に10分、場合によっては5分でも話す時間を確保する、1カ月に1回は共同のアクティビティ、例えばドライブでもスポーツでも外食でも、何か一緒に行なうことが必要なのではないかと思います。それを習慣にしてしまうのです。夫（妻）や親と過ごした時間は、あとになると妻（夫）や子供にとってかけがえのない思い出になるに違いありません。

身近な人を大切にする

家族だけではありません。身の周りには大事な人がたくさんいます。職場の同僚や部下もそうです。職場の上司にはほとんどの人は丁寧に接します。お世辞の一つも言うかもしれません。しかし部下に対しては多くの人は特に気を使わず必要なことを伝えるだけ、の人が多いようです。部下といっても同じチームの一員です。組織の中での役割が違うだけで人間性に上下はありません。指示・命令するだけでなく、彼らの意見を聞き、都合を聞き、できるだけ働きやすい環境を作り、持てる能力を発揮してもらうのが、チームのパフォーマンスを上げるために不可欠です。上から命令してぐいぐい下を引っ張るより、みんなの力を発揮させるリーダーシップスタイルや組織が最近では推奨されています。

私は女性だからということもありましたが、部下の人たち（ほとんどが男性でした）も家庭に帰ればお父さんで、誇りと自信を持った存在だという前提で接し、尊敬語は使わなくても基本的に丁寧語で話していました。私の出会った素晴らしい男性リーダーの方たちも皆様部下や後輩を大事にし、丁寧に接しておられました。がみがみ命令したり怒ったりする人はほとんどいませんでした。

最近の組織では「ワン・オン・ワン」と呼ばれる、上司と部下が1対1で会話することを実践しているところが増えています。定期的に上司と部下が

1対1で話をする時間を確保し、特に部下の言い分や考え、希望をしっかり聞くのです。

また同じ職場には正社員だけでなく、契約や臨時雇いの人、派遣やパートなどの人もいます。そうした短期間だけ職場にいる人のことは、名前もろくろく覚えないという正社員もいます。中には命令口調や馬鹿にしたような態度を示す人もいますが、これは本当に恥ずべき行為です。

近所の人、行きつけの店で顔を合わせる人、スーパーのレジの人、宅配便を配達してくれる人、ごみ収集をしてくださる人、そうしたエッセンシャルワーカーの人たちの仕事を当たり前と思わず、「ご苦労さま」など短い会話を交わし感謝と親しみを示す。

実はこういう**周囲の人と何気ない会話を交わすことは、長生きの要因**でもあるらしいのです。ブリガムヤング大学のジュリアン・ホルト＝ランスタッド教授が30万人を対象に7年間調査した結果、長生きの秘訣の1位は「社会的統合をよくしている」でした。運動、禁煙、節酒は重要ですが、そのほかの食生活や健康習慣は1位から10位に含まれていませんでした。社会的統合とは、多くの身近な人とかかわりを持ち、会話をすることを言います。会話の相手は先にも挙げた軽いかかわりの人、すなわち袖すり合う程度の人です。孤独が長生きの一番の敵だそうです。利害のない人、気心の知れない人、氏素性《うじすじょう》もわからない人を無視するのではなく、社会を生きている一員として気軽に会話を交わすのです。

それも、今を大事にする行動です。人事権のある上司でなくとも売り上げに貢献してくれる顧客でなくとも、お金や権力を持っていない相手とも、一緒にいる「今」を温かく接していれば、あなたがお金や権力を持たなくなっても温かく接してくれる人が多くなるでしょう。それがあなたを幸せにし、長生きさせます。

温かい人間関係をつくる

どの職場でも人気のある人や権力者の周囲にはたくさんのファンや友人がいます。

一方で、職場には目立たなくても誠実な人、努力家、優しく親切な人がいるはずです。そういう人にちゃんと礼儀正しく接する、そういう人が忙しくしているときに少し手伝うというような温かい対応をしていると、いい関係が生まれます。

　自分がお近づきになりたい、認めてほしいと願っている人とは別の、自分が気にとめていない意外な人があなたを理解し、優しく見守って、幸せを願っていることがあります。しかし自分ではそれに気が付いていないし、感謝もしていないで軽んじる。もったいない話です。幸せになるために今すべきことは、そうした人に気が付き、その好意に感謝することです。自分の長所を認めてくれ、短所を気にしない人との出会いを大事にしましょう。

　ちやほやされている人に振り向いてもらうためにあくせくするより、自分に温かくしてくれる人に感謝する。その人の長所、ほかの人が気付いていない良いところを見つけて、良い友達になる。それには職場の評判や地位・権力に惑わされないで、自分の目で人を見る習慣が大事です。「将来の損得」を考えるのではなく、**「今」誠実な人との友情を大事にしましょう。**そうした人との友情は職場が替わっても長く続き、人生を豊かにしてくれます。

またまわりあわせで出世間違いなしとされていた人が左遷されたり、役職に就いていた人が退職したりすると、周りから人がいなくなります。そのときにこそ、その人に変わらず誠実に丁寧に接すると良い人間関係が生まれます。

それは学校の友達にも当てはまります。学校でも人気のある生徒と、あまり注目されない、軽く見られている生徒がいます。あまり人気のない、友達の多くない人の中にいい人はたくさんいます。そういう人の長所を見つけてあげると、あなたはその人にとって大事な人になります。時にはいじめや仲間外れのつらい仕打ちを受けている人には、「この人と仲良くすると自分にいじめの矛先《ほこさき》が向いてくるかも」と恐れないで勇気を持って温かく接しましょう。

特別に親しくなくても、何となく自分に好意を持ってくれる人がいるという事実は心を温かくしてくれます。私は地方出身なので故郷には私の幼いときや小中学校時代の知り合いがいます。その人たちが好意を持って接してくれるのは心を温かくします。断捨離せずゆるやかにつながっていきたいです。

教師は教え子をよく覚えています。私の姉は教員をしていましたが、教え子が私に「晶子センセにお世話になりました。お元気ですか」と言ったと伝えると、心から喜んでいました。教え子に一生懸命に接している教員は多いのです。ぜひ声をかけてください。

上ばかり前ばかりを見ていないで、**ちょっと後ろや周りを見回してみると自分を大事に思ってくださる人がいることに気が付きます。**

自分を大切に思ってくれる人がいるという気付きは、心を温かくしてくれます。そしてそれが前節で述べたように社会的統合として長寿をもたらすのです。そのためには自分も周りの人に何気なく声をかけ、好意と感謝を示す。それが直接自分にはねかえってくるわけでなくとも、周りが少し温かくなる。それが温かい職場、温かいご近所をつくる第一歩になるのではないでしょうか。

「別に近所の人や同僚に大事に思ってもらっても将来の成功には関係ない」と罰当たりなことを言わず、自分を温かく受け止めてくれる人に感謝しましょう。

遅い助け は助けにならない（LATE HELP IS NO HELP）

「頼まれたことはすぐやる」。これは私が埼玉県庁で働いていたときに親しくしていただいた、三角《みすみ》信子さんというガールスカウトで活躍された方の言葉です。

団体活動をするときにはメンバーに助けを求められる場合があります。そのときに、「ちょっと待ってください」とすぐに動かず、しばらく経ってから、「今ならできますよ」と言っても問題はすでに解決している、あるいは取り返しのつかない事態になってしまっている。相手が助けを求めたときに助けなければ、相手のニーズにこたえることはできません。相手がSOSを発するのは、そのときに助けが必要だからです。頑張っているけれど締め切りに間に合わないとき、思いがけない失敗やミスが起こったとき、家族や自分が倒れたときです。そのときには取るものもとりあえず駆けつける。これが友人の付き合いの基本です。

自分にはお金がないから、今忙しいから、権限がないからなど、すぐに助けに行けない理由は山ほどあります。時間が経ったらその理由が解消されるわけではありません。できない理由や、なぜできないかの言い訳を考える前に何ができるか考えましょう。助けようとしても自分には余力がない、なんで自分に助けを求めてきたんだろう、何か裏はないか、などと慎重に考え出したら動けません。頼まれるのは頼りになると思われているからなんだと、及ばずながらやってみる。そうしたお人好しであることが、自分の新しい可能性を広げてくれます。私は、お人好しで軽はずみなので失敗も損もしていますが、そのおかげでいろいろな出会いに恵まれてきたと思っています。

すぐに動くかどうかは子供のときの習慣も影響します。手伝ってと言ってもテレビを見ていて「後で」、ゲームをしていて「後で」と言う子供を「仕方がない」と認めていると、頼まれてもすぐ動けない子になってしまいます。昔は男の子は勉強を優先させて女の子には厳しく手伝いをさせた家庭が多かったのですが、今は女の子も男の子も勉強優先か、逆に放任かの「家庭教育」の二極化が進んですぐに動けない子が多くなっています。

声がかかったときに動くことは自分に新しい可能性を開いてくれるのだよ、友達が困っているときに助けると、とても感謝されるよ、という人間として大事なことを親はしっかり子に伝えなければなりません。**人を助けることができるのはとてもうれしいこと、ありがたいことなのだ、自分に価値が**

あるとわかるのは、助けを求められた友人を助けることができるときだと伝えましょう。

イスラム教をはじめ長い間多くの人に信仰されてきた宗教は、信者同士が助け合うことを奨励しています。困っている信者仲間を助けるのは〈喜捨《きしゃ》〉といって信者が守らなければならない重要な教えです。仏教でもお寺やお坊さんに布施《ふせ》、キリスト教でも寄付や寄進することを勧めていますが、多くの世界宗教は自分だけが金持ちになることを求めてはいけないと戒《いまし》めています（今、資本主義が行き過ぎてお金持ちがますます金持ちになり、貧しい人がますます貧しくなるのは、この格差に歯止めをかける宗教や倫理観などの力が弱くなってしまっているからだと思います）。

すぐに動く習慣のないまま大きくなった大人、助けを求められても後でとパスする大人が増えているだけに、**遅い助けは助けにならない**、と自分に言い聞かせて「頼まれたらすぐやってみる」と動く習慣を子供の頃から身につけさせるよう努めましょう。

第5章　幸せに生きるために

今を幸せに生きるお金の使い方

(1)お金はたくさん必要か

私たちは、お金に余裕がある人は貧乏な人より幸せだろうとぼんやり考えていますが、収入や資産と幸福度はあまり比例しないようです。

日本は1960年代から70年代にかけて高度経済成長をし、当時の9割の人が憧れた3C(カー、クーラー、カラーテレビ)は今やほとんどの人が持ち、大学進学率も半数を超えました。住宅難という言葉はなくなり、空き家が増えて困っています。しかしこの間国民の一人一人の生活満足度はそれほど上がっていません。日本だけではありません。アメリカでもイギリス、ドイツなどでも一人当たりの実質ＧＤＰが増加しているにもかかわらず、生活満足度はあまり上がらず、やや低下しています。一方、ヒマラヤの小国ブータン王国の国民が貧しいにもかかわらず、幸福度が高いということはよく知られています。

生活できる程度の賃金のもらえる仕事がある、病気になったら治療が受けられる、子供たちが学校教育を受けることができる、飲み水や電気が手に入るなど、生きていくために必要な基盤ができていない国の国民は不幸ですから、そうした基盤を整える必要があります。ＳＤＧｓ（持続可能な開発目標）で示されているような目標です。しかしそれが整っている国では、それは当たり前で、幸福度や満足度には影響を与えなくなります。

そのような国全体の比較はさておいて、個人においても同様なことが言えます。生活に必要な収入が十分でないときは「もう少し収入が上がれば生活に満足できるのだが」と思いますが、ある収入以上になると、それほど収入が増えても感激しなくなります。2010年アメリカのダニエル・カーネマンらの調査によれば、当時の年収7万5000ドルを超えると収入が増えても幸福感の増加の度合が低下する、ということです。日本の今の所得水準なら、世帯平均所得のやや上、800万円あたりでしょうか。年収が低い頃は年間10万円でも昇給するのがうれしい、5万円でも臨時収入があると感謝する。しかし年収1000万円が2000万円になると、もちろんうれしいですが、その幸福感は年収300万円から600万円に増えたときのほうが何倍も大きい、2000万円が3000万円になり、5000万円になっても、満足感はあまり大きく増えないということです。収入が大きいほど税率が上がる累進所得税は、幸福と収入の関係からも意味があります。

安定的な収入が確保できることは必要で、コロナの時期も自営業の人たち、派遣や契約、アルバイトなどの収入が減って困った人がたくさんいる一方で、サラリーマンの多くはボーナスが減ったくらいでした。安定的収入は「当たり前」でなく、感謝しなければなりませんし、今後長く続く不況、そしてデジタル革命が進む中で、いつまでもあなたの会社が利益を上げ続ける保証はありません。だから若いときから貯金に励み、投資・運用にいそしみ将来に備えるべきなのでしょうか。私は反対です。

貯蓄による将来の備えでなく、今を充実させるようにお金を使うことで人は幸福になり、将来の豊かさの可能性が高まるのです。もちろん、今お金を使うといっても無駄遣いをしろとか、馬鹿な浪費をしろと言っているのではありません。

今を充実させるために使うべきお金を賢く使わなければならないというこ

とです。

(2) 賢いお金の使い方

それでは今を充実させ、幸せになるためにお金を使うとはどのようなことでしょうか。ハーバード大学ビジネススクール准教授のマイケル・I・ノートンとブリティッシュコロンビア大学准教授のエリザベス・ダンは**「経験を買う」「ご褒美にする」「時間を買う」「今払って後で消費する」「他人のために使う」**の5つの原則を挙げています。

「経験を買う」ためにお金を使うほうが、宝石や別荘や洋服や車などのモノを買うより幸せをもたらすそうです。モノを手に入れた喜びは一過性で、時間が経《た》つとそのありがたみを忘れますが、経験に対する支出は時間が経つと満足感が増します。例えば旅行、会食、コンサート、そして習い事や学校の謝金や授業料などです。

もちろん「経験を買う」といってもすべての経験が幸せをもたらすわけではありません。飲酒、薬物、賭博、買春などの経験を買うためにお金を使うと後悔と罪悪感をもたらし、場合によっては人生を破壊してしまいます。

幸せと満足をもたらす「経験」として、ノートンは次のような条件を挙げています。

① 誰かと共有し、社会的つながりを実感できる
② これから先も何度でも語りたくなるストーリーが生まれる
③ こうありたい自分や、なりたい自分をしっかりと実感できる
④ 比較できない特別な経験ができる

例えば私は２０１３年の年末に、縁があって生まれて初めてサウジアラビア王国へ行ってきました。当時は厳しいイスラム教が日常生活を規制してお

り、私も黒いベールや長い衣を着なければなりませんでした。王族のお姫様たちの邸《やしき》にも招かれ、その豊かさに驚きました。

それによって仕事がうまくいったとか、論文が書けたという実利はありませんでしたが、その1週間の旅は今でも特別な経験として忘れられない記憶となっています。

亡くなった母を京都に連れ出した旅行も忘れられません。私の出張と合わせ、暑い時期のあわただしい旅でしたが、のんびりした修《しゅう》学院《がくいん》離宮《りきゅう》の案内人や、祇園《ぎおん》祭の山鉾《やまぼこ》の細かいディテールを母が何度も思い出してうれしそうに語ってくれました。これは①と②のミックスです。

私は機会さえあれば外国での講演にお声がかかると大喜びで出かけます。クイーンズランド大学、ワルシャワ大学、ベネチア大学などでの講演は結果として大学同士の交流協定にも結び付き、とても幸せな経験になりました。

では自分へのご褒美にお金を使うのはどうでしょう。何かやり遂げたとき、仕事を頑張ったとき、いつもより少し高価な食事や飲み物、あるいはちょっとしたアクセサリーなどを自分へのご褒美にするのは幸せな気持ちを高めます。いつもの行きつけのレストランで、いつもよりちょっと贅沢な「特別メニュー」を試してみる、ダイエットのために我慢しているスウィーツを少しだけ味わうなど、ご褒美を前もって決めて自分を頑張らせるのも良いお金の使い方です。自分だけでなく、子供や姪、孫などにも一生懸命頑張ったら、ご褒美をあげるのも若い人との結びつきを強めます。

「時間を買う」というのは、大切な活動に、よりたくさんの時間を使うためにお金を使うことです。例えば忙しいワーキングマザーがタクシーに乗ったりお掃除を外注するのは無駄遣いではありません。それによって子供と過ごす時間が生み出せる、疲れすぎてイライラするのを防ぐ、などの効果があれば幸せな時間を買う良いお金の使い方です。

コロナのために多くの人が実際にお店に行って買い物をしないで、インターネットショッピングを利用するようになりました。それによって時間が生まれて喜んだ人もいますが、「直接触れてみたい」「掘り出し物を見つけると幸せになる」タイプの人はインターネットショッピングが好きではないでしょう。人により、好みにより、幸せになるためのお金の使い方は違います。

自分が掃除をして家がすっきりすると、気分転換になるし幸せになるという人はお掃除を外注しないでしょうし、料理が大好きな私は外食より家で食事するほうが好きですから、出前やtake outは利用しません。

今払って後で消費するというのは、例えば次の夏休みのパック旅行に申し込む、予約でミュージカルやコンサートのチケットを手に入れる、などです。実際に楽しむのは今でなくても、行くことを考えてワクワクして幸せになります。実際に旅行に行ったり、コンサートに行ったりする前のほうが楽しいという経験をした人も多いでしょう。逆に先にモノを手に入れて後で払うというクレジットカードは、モノを手に入れた喜びは終わっているのに後で支払わなければならないので、ちょっとつらいですね。

(3) 他人のためにお金を使う

一番満足感を与えるお金の使い方は、他人や社会のためにお金を使うことです。

マイクロソフトの創業者で億万長者のビル・ゲイツは、自分の財産でビル&メリンダ・ゲイツ財団を作り、世界中の子供たちを助けたりする公益活動にいそしんでいます。フェイスブック（現メタ）創業者のザッカーバーグも子供が生まれたのを機に資産を寄付しました。アメリカでは自分の能力を最大限に発揮してお金をもうけたあと、それを公益的事業に寄付するのが成功者の義務とする文化があります。これはアメリカ社会の基礎を形づくっているピューリタンの伝統です。

ハーバード大学のノートンの実験などもその影響を受けているのかもしれません。その実験はカナダのバンクーバーでそれぞれ5ドルか20ドルが入った封筒を配り、それを自分のためのギフトを買うか、他人へのギフトを買うか、チャリティに寄付するかするようにと指示しました。その結果、自分にギフトを買った人より、他人にギフトを買ったり、チャリティに寄付したりした人の幸福感が増していたそうです。金額の大小でなく、自分のために使ったか、他人や社会のために使ったかで幸福感は左右されたそうです。母親が自分は食べないで子供においしいものを譲るのは偉大な母性愛の表現とみなされています。もちろんその通りではありますが、母親は自分で食べるより、おいしそうに食べる子供を見ることで幸せになっているのでしょう。

2013年のL・B・アキニンの調査によれば136カ国のデータを地域別に考察したところ、どの地域においても前月に献金や寄付などの社会的支出をしているかどうかが幸福感に大きな影響がありました。

その金額は少なくとも、自分のお金を社会のために支出するという行為は自尊感情を高め自分を幸せにしてくれるのでしょう。おそらく他人や社会に対する支出は、自分を幸せにしてくれるだけでなく、現実の世の中を良くします。またその人たちは助けてくれた人に感謝し、お返しをしようとするので良い循環が生まれます。逆にもっともっと富をむさぼり、お金を得る欲望には際限がなく、幸せをもたらしません。

キリスト教では「汝《なんじ》の隣人を愛せよ」と言い、仏教では「利他の慈悲」を説きます。現代の心理学や経済学も同じ方向を示唆しているのは、人類が生き延びてくるうえで助け合いが不可欠だったからではないか。それを多くの宗教や道徳は善き不易の価値として伝えようとしているから、多くの支持を受けているのです。

課題を縦に並べる

私たちは人助けなんて手が回らない、自分の仕事さえ片付かずイライラすることがあります。

あれもしなければならない、これもしなければ、それもまだ片付いていない、どれから手を付ければよいだろう、どれもこなす時間がない、能力がない、ああどうしよう、と心を乱して成果が上がらないうちに、時間だけが過ぎていく、という状況です。時間に追われる、仕事に追われてパニックになってしまうこともあります。

大きな失敗をして自信を失ったとき、大きな悲しみに遭遇して打ちのめされて心の力が衰えているときにも、何から手を付けてよいかわからない状態に陥りがちです。

大野裕《おおのゆたか》さんという精神医学者で行動療法の第一人者である方が『「心の力」の鍛え方』という本を書いていらっしゃいます。その中で紹介されているのがシングルタスクの重要性です。

私たちは問題が押し寄せてくると、先にも述べたように、つい同時にあれもこれも解決しようとする傾向があります。しかし多くの問題を一気に解決することはできません。いくつもの問題を同時に解決しようとすると集中できません。どれも中途半端になって、どの問題も解決することができない、それでますます追い詰められ、焦って自信を失っていくという悪循環に陥ります。そこから抜け出るためには、**シングルタスク、すなわちたくさんの問題のうちから一つ一つの問題に全力で取り組み、一つ一つ解決していくこと**が必要です。そのためには、全部に手を付けるのではなく、一つずつ解決していく。

1回立ち止まってたくさんある問題、やらなければならない課題を順番に並べることが必要です。それが課題を縦に並べるということです。急いで答えを出さなければならない課題、少し時間がかかるけれど重要な問題、あとで行なっても問題にならない仕事などいろいろなレベルの問題があります。縦に並べるときには、もちろん楽にすぐ片付く課題より、重要な問題から順に並べなければなりません。ついつい楽にできそうな問題、得意な問題から始めがちなのですが、重要な問題を優先しなければなりません。最後にどうしても時間切れになってすべての問題に対応できなくても、重要なものに先に対処していれば何とかなります。とにかく重要な課題に優先順位をつけ、一つ一つ解決していくことです。

２０２１年の大河ドラマの主人公の渋沢栄一《しぶさわえいいち》は日本資本主義の父といわれていますが、晩年多くの人から相談を持ち込まれいろいろな企業の設立やトラブルの解決にかかわりました。彼は**「獅子《しし》はウサギを取るにも全力で向かう」**という言葉を残しています。次々と持ち込まれるたくさんの問題に片手間にいい加減に取り組むのではなく、一つ一つに全力で立ち向かうということです。そのためには重要でない問題には初めからかかわらない、引き受けない、と心掛けなければなりません。

理想的には縦一列に課題が並ぶといいのですが、そうはいかないこともあります。私も仕事と家庭を両方こなさなければならなかった30〜40代の頃は、仕事上で解決しなければならない課題、家庭で子供や家族にかかわる課題、と2本の縦列に並べていたような気がします。職場では仕事の問題を縦に並べた課題に取り組み、通勤電車の中でそれを切り替え、家庭では家庭の問題に取り組む。今は子供が独立し、家族にかかわる「やらなければならないこと」が減っているので、家でも大学の仕事や執筆をしています。人生の優先順位は時間とともに変化します。臨機応変に対応してください。

武道やスポーツで上達するのにも、一つ一つの球に注意を集中する、一つの技に全力で取り組むとよいと大野裕さんは言われています。そうした習慣を身につけるのが、上達の早道だそうです。この習慣は私たちの人生全体を生きていくうえでの智恵にもなると思います。

人の縁を大事にして幸せになる

この地球上には80億人を超える人が生活しています。その中で直接出会い、話をし、顔見知りとなる人はその１％どころか、０・１％いや０・０００１％（約８０００人）もいません。多くの人に知られている有名な人でも直接会ってお互いに名前と顔が一致する相手は１０００人もいるでしょうか。ゴリラの研究をしてこられた山極壽一《やまぎわじゅいち》京大前総長は、10～15人の集団が家族やラグビーやサッカーのチーム（軍隊の小隊）で緊密な意思疎通ができ、30～50人がクラスや職場の管理職が統括できる部下の数（軍隊の中隊規模程度）で互いに顔と性格を熟知し、一人の指導者の下《もと》で一致して動ける規模の集団、100～150人が現代人の脳で顔と名前が一致する集団で信頼できる仲間の最大値と言っておられます。集団のサイズによってリーダーの役割は変わります。それは別の機会に論じますが、言いたいことは、**人生で知り合える人は限られている**ということです。

同じ地域に生まれ育った、同じ学校でクラスメートとして学んだ、同じ職場で働いた、など自分で選んだわけではなくても人生で同じ場所や時間を共有できた人は「縁」があったとしか言いようがありません。地縁、血縁、職場縁、学校縁、パパ友、ママ友など。ましてや夫婦、親子として人生をともに生きる相手は、深い縁があるのです。

自分が選んでその人と同じ学校に行ったわけではない、たまたま上司として、部下として一緒に仕事をする巡り合わせになったのも「縁」があったからです。そうしたたまたま巡り合った人とできるだけ仲良くする。できれば相手が幸せになるような言葉をかけたり、親切な行ないをすることによって、あなたの周りに幸せの輪が広がっていきます。第4章で言ったことに共通します。

でも人間というのは、とかく遠くの知らない人が成功したり幸せになったりしていれば素直に喜び祝福できるのに、身近な同僚や同級生が成功すると「あんな程度の能力なのにうまくいったのは、運が良かったのだ」「それに引き換え私はこんなに頑張っているのに何でうまくいかないのだろう」と心が波立ちます。

縁のない人ではなく縁のある人、知らない人でなく知っている人の成功を喜ぶように努めるのが、自分の精神状況のためにも、現実的な人生戦略としても有効なのです。たとえ自分には利益がなくても、友人の成功や幸運には

「よかった、おめでとう」と言うのを習慣としましょう。考えるのでなく習慣にしてしまう。それを聞いている人はあなたをいい人だと思います。それが巡り巡ってあなたにもいい結果をもたらすのです。どんどん自分に縁のある人のファンクラブの一員となりましょう。それが結果として良い運を招き寄せるということなのです。

私が尊敬している若い友人は、幸運は独り占めにせず友人知人に分けることによって、もっと大きな運を連れてくると言っています(こういう人生の智恵こそ親は子に伝えるべきです)。

縁といい、運といい、古めかしい考え方のように見えるかもしれません。しかし人間は自分の努力や才能だけで生きているわけではありません。仕事もいろいろな人との偶然の出会い、巡り合わせに左右されることが多いのです。与えられた出会いを大事にするのが「今」を大事にすることにつながります。

考えてみれば、私たちが生まれてきたのは大きな偶然です。親を選んで生まれてきたわけではありませんが、祖父母、曾祖父母それぞれの命がつながりつなげられて自分まで続いている。先祖たちは、周産期死亡率や乳幼児死亡率の高い時期に何とか生き延び、疫病や飢饉や戦争の中で命をつないできたのです。そして自分もたまたま病気でも死なず、交通事故にも遭わず、今まで生きているのです。何かの大きな意思のもと生かされていると思いたくなります。

この命を粗末にしないためにはどうすればよいのでしょう。自殺をしない、ドラッグやお酒におぼれない、投げやりな生活をしないことはもちろんです。人を傷つけない、迷惑をかけない、というマイナスの行動をしないだけでなく、何か自分が周囲の人や社会の役に立つことをする。どんなにささやかでもそうした小さなプラスの積み重ねが、与えられた命を大事にすることなのではないかと思います。生かされている命を大事に、というのは食欲や性欲、所有欲など自分の欲望を満たすことや自分が少しでも楽をしよう、苦労を避けよう、安全を求めて長生きしようとすることではありません。その命を良い目的に使うことです。良い目的とは周りの人を大事にし、相手に良かれと願って助けることです。これが善く生きることです。

明日のことを思い煩《わずら》うな

人生100年時代、公的年金だけではゆとりある高齢期生活はできない、だから若いときから貯蓄に励みましょう……と考える女性がたくさんいると言われます。それに対して私は「ちょっと待って、老後に備えて貯蓄に励む前に、今するべきことがあるんじゃないの」と言いたくなります。女性はよく言えば長期的な視点、悪く言えば心配性の傾向の人が多いようです（もちろん個人差はあり、女性でも刹那《せつな》主義の享楽派はいるし、男性にも長期的な計画を立てるのが好きな人もいますが、全体としての感じです）。

私は昭和女子大で、女性も一生働き続けるべきだと主張し、学生もそのように考えるようになってきました。しかし最近、女子学生が就活にあたって「家庭や子育てと両立できるような、ワークライフバランスの取れるような仕事に就きたいです」と言うのに、少し違和感を持っています。まだ子供もいないうちから、結婚どころか、恋人もいないうちから、「子育てと両立できる仕事」はないだろう。それを長期的な人生設計というのだろうか？　と少し疑問です。法律や制度も状況の変化に応じ変わりますし、企業も働き方も変化するでしょう。

私は、若いときには若気の至りでも「自分がぜひやりたい、挑戦したい、社会に役に立つ」という仕事を探して、それに全力投球するべきだと思います。高望みだとか、君には無理だとか、批判する人はいても頑張ってみる。失敗しても若いときは今やりたいと願うことに全力でぶつかるべきだと思います（もちろん個人差はあります）。

たとえワークライフバランスが取れて定年まで働けそうな仕事でも、好きでもないし、向いているとも思わないし、将来の展望もない仕事では無理しても頑張って両立しようという気がなくなります。逆に子育てをする環境が整っている職場でも、将来の展望もないし好きでないと子供が生まれたのをきっかけにやめようという気になってしまいます。好きでない仕事を将来のためにに続けるのは難しいし楽しくありません。自分が好きで「続けたい」と心から思える仕事に就いていれば、子供が生まれてもどうしたら両立できるか工夫し、智恵を巡らして頑張ろうとします。頑張っていても刀折れ矢尽き、やっぱりもうだめかと周囲に助けを求めてもがいていると「地獄で仏」に巡り合い、何とか道が開ける——というのが私の経験です。

いずれにしても**長い人生は当初計画したように、あるいは夢見たようには進みません。**コロナ禍と同じで誰も予想していなかった事態に巻き込まれてしまうことも多々あります。

話を元に戻すと、公的年金だけでは退職後の30年間の生活に２０００万円が不足するという金融庁の報告書が、２０１９年に話題になりました。そもそも人生の後半の30年を、報告書が前提とする公的年金だけで暮らそうというのが無理なのではないでしょうか。福祉国家として知られる北欧も年金受給期間は日本より短いです。日本でも二世代前までは、多くの高齢者は、家族の食事の用意をしたり、掃除洗濯をしたり、孫の世話をしたり、地域の世話役をしたり、畑の草取りをしたり、縄をなったり、自分の体力に応じて何らかの仕事をしていました。当時の日本は社会全体が貧しかったからだ、公的年金がなかったからだ、家族が親を養ってくれたからだ、といろいろな理由はあるにせよ、私の祖母も「働かないと罰が当たる」と言って歳をとっても毎日毎日草取りやら掃除やらできる範囲で働いていました。

現代の女性たちも若いときからせっせと貯蓄に励んで老後の生活に備えるより、歳をとっても働ける体力・意欲を持ち社会から必要とされる技術や能力を維持・増進するのが、一番重要な「老後対策」なのではないかと思います。もちろん子育て・介護などの人の世話をする能力、掃除・調理などの家事能力も周囲の人々や社会から必要とされる立派な「能力」です。

いくら貯蓄していても半世紀後の経済情勢がどうなるか誰も正確には予測はできません。2000万円貯めれば安心というのも、物価や消費水準などいろいろな条件が変わらないとの前提のうえで計算されています。しかし日本が今後とも国債発行という借金をし続けることができ、円が安定的に価値を維持し続け、物価は安定し続けるとは専門家も断言できるはずがありません。コロナだけでなく、首都直下型地震が起こったら、戦争が起こったらどうなるかわかりません。

明日何が起こるかわからない。だからこそ聖書のマタイ伝の言葉**「明日のことを思い煩うな、明日のことは明日自身が思い煩うであろう」**を思い出しましょう。これは明日のこと、将来のことはわからないから、刹那的に生きよう、努力するのはやめよう、備えをやめようということではありません。今現在の日々を精一杯生きる、今の時間を充実させて自分をパワーアップする。そのように**「今」を一生懸命生きていれば、新しい道が開ける**ということです。将来のことをあれこれ心配して、ああでもないこうでもないと迷い、今やるべきことに集中しないのが一番大きな間違いです。今を一生懸命生きるのが老後に備えて2000万円貯蓄するよりよほど大事で、結果として一番賢い老後対策になるのではないでしょうか。

体を大事にする

どんな時代になろうと人間が生きていくうえで一番大事なのは健康です。

コロナに感染しても普通に健康ならば、8割以上の人は無症状か軽症で済みます。肥満やヘビースモーカーの方、糖尿病や高血圧などの基礎疾患のある人は重症化するリスクが高いので、コロナを不安に思う人ほど健康づくりが必要です。コロナが怖いと外出を控えていては体力が弱り、認知症も進行します。健康づくりは「不要不急」ではない不可欠な活動です。

日頃から体を動かし、バランスの取れた食事をし、睡眠をしっかり取ることの重要性はどんな時代でも変わりません。これはコロナの時期でも積極的に心掛けるべき目標でした。幸いスーパーなどの営業は維持され、食材は不自由なく入手できたので外食、会食を控えて自宅で食事をする人が増えました。多くのレストランはtake outサービスやUber Eatsの出前も始めましたが、簡単な食事でもできるだけ家で作ると塩分や油脂の摂取量も減ると思います。もちろん食事は人生の楽しみの一つですから、おいしいものを楽しく食べましょう。素材のいいものを買えば料理の腕はいまひとつでもおいしく食べられます。今の時代は子供の頃から食育が大事だと叫ばれ、栄養の知識が小学生にも教えられています。そうした知識を教えるだけでなく、家庭で自分で調理を行なう、後片付け、皿洗い、ごみ処理までできることが長い人生を生きるうえで必須のスキルになるので、この機会にぜひ子供に教えましょう。

まずは休日の食事を家族で作ることから始めましょう。

最近の女の子は、思春期、早い子は小学校の高学年からスタイルを気にして食事制限をしています。若いときはしっかりとカルシウムを取っておかないと歳を取ったら骨粗《こつそ》鬆症《しょうしょう》になるよとか、若いうちにしっかり筋肉をつけ、体力をつけておかないと、妊娠・出産ができないよ、共働きの時期の育児を乗り切るには体力よ、と言っても全く心に響きません。しかし「コロナに負けない体力をつけよう」と言うのはわかりやすいかもしれません。

男の子は、一般に栄養バランスなど考えずジャンクフードをおなか一杯食べたり、毎日のように牛丼やラーメンを食べたり食生活に無頓着ですから栄養の基礎を教えましょう。男性の喫煙や飲酒は減っていますが、女性の飲酒や喫煙は増えており残念なことです。男性の悪い習慣には、平等に参画しなくてもいいのになと思います。

日本では60歳以上の男女、特に女性は40代後半から健康意識が高まります。軽い運動、バランスの取れた食事を心掛ける人が多く、体力・運動機能も向上して日本の長寿社会を支えています。ジムも高齢者の姿が目に付いていました（コロナで急減しましたが回復してきています）。

小学生までは学校で給食・体育も行なわれ親も気を付けているからいいのですが、10代半ば頃から40〜50代の働き盛りの人たちの健康意識をどう高めていくかが現代の大きな課題です。先進的な企業は「健康経営」を心掛け、労働時間のコントロールだけでなく、食事や運動時間の管理も奨励し、ストレスチェックなども行なわれています。企業だけでなく、青壮年期の人たち自身が健康にもっと関心を持つようになってほしいものです。

アメリカのビジネスマンは、スリムな体型を保つためにせっせとジョギングをしています。車社会のアメリカでは自分で気をつけなければ、歩く機会、走る機会がないからです。日本でもビジネスマンはカートに乗ってゴルフをするより、普段から歩くことを心掛けてはどうかと思います。私も特別な運動はしませんが、毎日徒歩と公共交通機関（私は自宅から大学までは徒歩です）で移動をしています。

好きで上手なスポーツがあれば人生が楽しくなりますが、それがなくても普段から歩く、エスカレーターやエレベーターを使わず階段を上る、など体を動かすことを心掛けましょう。

心の健康——ストレスと付き合う

日本では毎年2万人以上の人が自殺しています。2020年のコロナ死亡者約3500人の6～7倍です。数年前は3万人以上の自殺者がいましたが、この10年間減少を続けています。それでもまだ高い数字で、その原因は経済問題、健康問題、家庭問題、学校のいじめなど様々です。2020年に女性の自殺が増えたのは、非正規社員で経済的な問題が深刻になったからではないかといわれています。

自殺にまで至らなくても、ストレスに悩みウツ的症状に苦しむ人もたくさんいます。学校や職場に通えず家に6カ月以上引きこもりを続けている人も、15歳から39歳で約54万人、40歳から64歳で61万人と言われています。

働き方改革が叫ばれる中で長時間労働は規制され、職場でストレスチェックなども行なわれるようになり、産業医の配置なども進んでいます。それでもパワハラ、セクハラや過労で自殺に至る人も後を絶ちません。

忘れてならないのは人生にストレスは付きものだということです。金属などの物質は、外から力が加わったときに生じたストレスは多くの場合、加えられた力がなくなると元に戻りますが、限度を超えた力が加わるとゆがみが元に戻らず、場合によってはぽきっと折れてしまいます。心のストレスも同じで、外からいろいろな力が加わってもそれがなくなると、たいていは元に戻りますが、ストレスがあまりにも大きく自分の心の復元力を超えると「心が折れる」のです。一人一人がどこまでストレスに耐えられるか、個人の復元力、レジリエンスの差は大きいものがあります。

ストレスは生きている過程で次々と生じます。ストレスのない状態はまずあり得ません。ストレスは生きているすべての人が感じていますが、強いストレスを受けても立ち直る人もいれば、弱いストレスを受けただけでも立ち直れない人がいます。その差を生み出すのがレジリエンスです。レジリエンスはストレスからの自発的治癒力です。困難に遭遇して強いストレスを受けたときに落ち込んだ気持ちから抜け出し、前向きな気持ちに回復させる力です。重要なのは**ストレスをなくすことでなくレジリエンスをつけること**です。ストレスのない状態は幸福とは限りません。良いストレスがあるほうが緊張感もあり、心もストレスを克服することでレジリエンスを高め、より強くなることができるのです。

外界の環境がいつも温度も変わらず明るさも一定では刺激がないのと同じ

ように、夢も目標もなく苦労や挫折のない状態ではストレスはないかもしれませんが、成長もありません。ストレスは悲しいこと、苦しいこと、悔しいことによって生じますが、いいことやうれしい変化でも生じます。新たに学校へ入って学び始める、昇進して人事異動で新しい役職に就いた、好きな人と結婚して新生活を始めた、子供が誕生した——これらは幸せな変化ですが、それでも新しい環境に適応するために心はストレスを受けます。ストレスは変化によって生じます。そのストレスで心が鍛えられ、成長する場合は良いストレスと言えます。筋肉にストレスを与える筋トレで筋肉が強くなるようなものです。ストレスがないと筋肉が衰えていくように、刺激がないと心の力も衰えていって、新しい刺激に耐えられなくなります。適度のストレスは前向きに受け止めましょう。

そうはいっても愛する家族の死、解雇などによる失業、病気やケガなどの強すぎる変化からのストレスで打撃を受けて立ち上がれなくなるときもあります。適度なストレスは自分を成長させますが、過度のストレスは人を打ちのめし、再起不能にします。過度な厳しいストレスに直面したときは、無理に頑張るより自分をそっとしておいて、回復する力がつくのを待つのも一つの方法です。好きなスポーツに打ち込む、仕事に打ち込むなど、気分を紛らわすのも有効です。どの程度のストレスが適度でどこからが過度になるかは個人差があり、対策も「これをすれば必ずあらゆるストレスに打ち勝てます」というものはありません。その中で自分なりにレジリエンスを強化する練習を心掛けましょう。

レベルの高い厳しいストレスでなく、仕事が忙しい、友達がいなくて孤独、不得手な英語やパソコンなどを使う仕事に就くなどの中軽程度のストレスを受けたときには、**視点を変えてプラス面を探す**のも有効だと言われます。

仕事が忙しいから物事を手早く処理できるようになった、孤独だから自由で好きなことができる、不得手な仕事に就いたから苦手なことをマスターできるチャンスだ、というようにマイナス面も見方を変えればプラスになります。買い物をする、旅行に行く、好きな料理を食べる、楽しい仲間とスポーツをする、などのご褒美もストレス対策に有効です。ポジティブなストレスとマイナスのストレスを組み合わせて、マイナスのストレスを乗り越えるのです。どれだけ良いストレスでも、時に緊張をほぐすことが必要です。

具体的アドバイスとしては気分転換になる「楽しいこと、好きなこと」をリストアップしておく、ストレスの程度に応じて手軽なものから特別なものまでその中から選んで気分転換する、などという方法もあります。ストレスの小さいときは好きなスウィーツで、ストレスの大きいときは旅行で気分転換をはかるなど、自分に合う好きな方法でストレスをコントロールし、心の健康を保ちましょう。

第6章

求援力・受援力・与援力

自立と孤立

人に頼らず自分で選び判断し、責任を持って生きるのは大事なことです。しかしそれが強調されすぎると、お互いが迷惑をかけたりかけられたりするのを許さないこととなり、個人はすべての問題を自分で抱え込み自己責任で生きなければなりません。どんなに困っても人に迷惑をかけてはいけない、助けを求めてはいけない、と厳しく求められるのは過酷な社会です。こうした社会にいる個人は自立しているというより、孤立しているという状態です。

将来を生きる若い女性は、自立して生きる経済力、精神力を持たなければならないと言ってきた私ですが、自立を求めすぎると孤立してしまうのではないかという懸念があります。孤立と自立はどこが違うのでしょうか。経済的にも精神的にも他人に依存しなくても、自分で基本的な生活ができる、自分で自分が直面する問題を解決できるのが自立です。しかし、いざ自分の力を上回る危機に立たされたとき、本当に自分で対応できなくて困ったときに、助けを求めることができるか、助けを得ることができるか、それが孤立かどうかを見分けるポイントではないかと思います。

頑張っても自分の力が及ばないときは助けを求め、助けを受ける。それが**「求援力・受援力」**です。求援力とは何か。助けが必要なときに単に「何でもいいから助けて」と言うのでは、誰もどう援《たす》けてよいかわからず、どこからも援助はきません。どういう助けをしてほしいのか、助けてほしい内容を具体的に表現し心を込めて頼まなければなりません。助ける気持ちと力のある人でも、相手が助けを必要としているかどうかわからない、具体的に何をすればよいかわからないと躊躇《ちゅうちょ》しているのかもしれません。また普段は何も連絡せず音信不通でいて、切羽《せっぱ》詰まってからいきなり助けを求めてもうまくいきません。助けを受けるにもそれまでの人間関係や信頼関係がモノを言うのです。

一方、自分が助けを求められたら、できるだけ援助をしましょう。もちろん自分のできる範囲で、です。助けを求められてもこちらに余力がなく、自分の生活と仕事でいっぱいいっぱいだと助けることはできません。お金や権力があっても共感力がなければ提供できないし、日頃から気持ちにゆとりを持ち、智恵や知識など力をつけておかねば人を助けることはできません。人を助けることができるのは自分にトータルの与援力があるということです。

自立を基本としながら、いざというときに助けを求めることができる友人を持つ、そして助けに感謝して気持ちよく受ける「受援力」を持ち、自分も助けを求められたら気持ちよく助ける力**「与援力」**を持つというのが、幸福な人生を送る鍵です。

しかし、なかなか世の中の理想通りには進みません。たくさんの人の中には周囲に迷惑をかけて平気な人もいます。特に「家族には迷惑をかけてもいいんだ」と考え、「他人は助けてくれなくても仕方がないが、親なら、きょうだいなら助けてくれて当然だ」と考える身内もいます。そういう人には「身内といえど人に頼るな」「自分の始末は自分でつけろ」と言わなければ際限がありません。

身内でなくとも世渡り上手で、いろいろな人から上手に助けを引き出すことができる人がいる一方、他人に助けを求めてはいけないと歯を食いしばって頑張っている人もいますから、一般論ですべての困っている人を助けましょうとはいえません。日頃から相手の人格もわかっている人を自分のできる範囲で助けるのが現実的な対応でしょう。しかし災害に遭ったり、病気や障害で苦しんでいたりする人には、少しでも手を差し伸べることができる人が増えればよいと願わずにはおれません。

自立と自律

私はこれからの社会で生きる個人は、自立したうえで、周囲と柔らかにつながり、受援力、与援力を身につけていくというのが理想だと考えています。自立した個人は日常生活において自分をコントロールし、自分で選択したスタイルで自律的に生活できます。こうした自立した個人は、孤独でも孤立してはいません。

自立は社会や他人との関係ですが、自律は自分との関係です。経済的に自立し、職業を持って社会的には自立していても、自分の日常生活を自律力を持って過ごせない人もいます。

自律力を持って過ごすとは、具体的には自分の時間や自分のお金を自分でコントロールして健康に生活できることです。つい食べすぎ、飲みすぎをする、時間やお金の無駄遣いをするというのでは、自律した生活を送っているとはいえません。

他人の意向を忖度《そんたく》したり、周りの空気に流されたりしないで自分が判断し、それに沿って行動できることも重要です。

例えば20世紀後半、昭和の日本のサラリーマン家庭では、夫は経済的には自立しているけれど職場では会社の方針、上司、同僚の意向に気を使い、自分の判断で自律的に行動することができませんでした（もちろん職場により違いはあり、ある程度は社員の裁量に任せる組織もありましたが）。そうした自律できないサラリーマンを社畜などとひどい言葉で表現する人もいました。

夫は家庭でも生活面で自立・自律しているとは言いがたく妻の生活スタイルに合わせて食事を作ってもらい、衣服を整えてもらい、掃除洗濯をしてもらい、時間をコントロールされていました。

妻は日常生活をコントロールし、家庭では自立・自律しているように見えますが、経済的には自立しておらず、お金にかかわる大きな決定は夫の了解を得なければなりませんでした。大学の公開講座に参加する受講料（3カ月で1万2000円ほどでした）を払うにも夫の許しがいる、という主婦がいたので驚いた経験があります。

夫のお給料は家族や子供の経費なら堂々と使えるけれど自分の楽しみのためには使えない、内助の功というけれど自分名義の不動産も銀行口座も持たない、離婚したいのだけど生活していけないから我慢しているという主婦もたくさんいました。

21世紀の令和の時代になると、こうした夫婦は減っています。会社が社員を定年後まで面倒を見るという力がなくなったから、女性も自立して生活できる職業に就けるようになったから、などいろいろな理由があります。自分のことは自分でできる自立する力と、自分がやろうと決めたことをやりきる自律する力は、これからは男性にも女性にも不可欠になっています。

コロナによって在宅勤務を導入した企業が多いですが、在宅勤務には自律力が不可欠です。職場にいれば自分から取りに行かなくても仕事が次々とやってくる、上司が指示する、同僚と教え合ったり、融通し合ったりして仕事を処理する。しかし在宅勤務では基本的に自己裁量で自己責任です。何時から何時まで働くか、自分で判断し自分で行動しなければなりません。誰も見ていないので好きな時間に好きなスタイルで仕事はできますが、自分で結果を出さねばなりません。手抜きをしないで水準以上の仕事をするには、強い自律心が必要です。

また最近は副業を認める企業も増えてきました。しかし副業をする大前提は本業をしっかり行なっていることです。本業の打ち合わせと副業の会議がぶつかったらどちらを優先するか、有給休暇を取ればいいだろうではなく、優先順位、重要度を自分で判断し選択しなければなりません。副業を優先して本業をおろそかにしていると本業を「やめたら」と言われるのは明らかです。私は公務員時代から本を書いていましたが、「好きなことをしたいなら、本務の手を抜くな」とアドバイスを受けました。

コロナによってオンラインで学習できる講座や大学・大学院が増えましたが、オンラインで最後まで勉強し単位を取得するには強い意志が必要です。いつでもどこでも学べるというのは、ともすればいつでもできるから今しなくていいだろうという甘えに通じます。自分で「やる」と決めたら、友達からの誘い、家族との付き合いなどを断って、しっかり時間を確保しなければなりません。

場所や時間が拘束されている長時間労働の職場では個人差が出ませんが、自分で裁量できる自由度が増せば、自分でしっかり取り組むか怠けて過ごすか個人間の格差が開きます。一人一人が会社や妻に依存しないで自立し、自分で自律して時間を使うことが求められます。在宅勤務は自律心の重要性と個人差を明らかにします。

共感力・求援力・受援力――迷惑を受け止める

「人に迷惑をかけてはいけない」というルールを日本人は子供の頃から繰り返ししっかり教えられます。時間に遅れたら人に迷惑をかけるでしょ、人と同じ行動ができないと迷惑でしょ、自分の聞きたいことを教室で先生に聞くとほかのみんなに迷惑でしょ、等々いろいろな場面で注意されます。どうして日本人はこんなに人に迷惑をかけてはいけないという意識が強いのでしょうか。江戸時代の農村では連帯責任が強調され、一人でもルールから外れたら全員が罰せられたのです。一方農村での農作業は周りと協力して行なわねばなりませんでした。

人々が農村から工場やオフィスで働くようになっても、チームワークを重視し、職場の集団行動を乱し人に迷惑をかけるのは許されませんでした。失敗は個人の責任でなくチームの責任でした。遅刻してはみんなに迷惑をかける、会社の製品に不良品を出したら大事件。不祥事を起こしたらブランドイメージが傷つき、社長以下謝罪しなければなりません。職場だけではなく学校でも、在校生が事件を起こしても被害者になっても学校の責任とされる。コロナ流行時でも大学で集団感染（クラスター）を起こしたら社会に迷惑をかけた、とバッシングを受けるので、教職員は皆ピリピリしていました。

もちろん子供の頃は自分のことは自分でできるように練習して力をつけます。すぐに「自分ではできない」とあきらめて親や教師に頼っていては何もできません。いつまでも世話されていると自立した大人になれません。自分で解決できるように一生懸命取り組むのは、成長の過程では重要なことです。大人になるというのは、自分のなすべきことを責任を持って最後まで成し遂げる力と心構えを持つことです。他人に依存していては自立できません。大人になるということは経済的、精神的に自立するのが基本です。

しかし「人に迷惑をかけてはいけない」という刷り込みが強すぎる人が、日本にはたくさんいます。現実に他人に迷惑をかけるのは決して許されない。その結果、自分が全力で立ち向かっても解決できない問題に直面しても、助けを求めず自分だけで抱え込んでしまう。それは「自分も迷惑をかけないようにしているから、人から迷惑をかけられるのは絶対嫌だ」と考える人が多い現実の反映でもあります。保育所の子供の声が迷惑だ、というように自分の権利を主張し、他人に迷惑はかけるなと声高に主張する人もいます。それを見て、助けを求めても「人に迷惑をかけるな」と拒否されるだろうと想像し、助けを求めてはいけないと思い込んでいる人も多いのです。

人から迷惑をかけられるのを拒否する人の気持ちとしては「自分は人に迷惑をかけないように歯を食いしばって頑張っているのに、こいつは努力もしないで、安易に迷惑をふりまいている」という気持ちがあるのかもしれません。皆が人から迷惑をかけられるのを嫌がるから（自分も迷惑をかけられるのは嫌だから）、どんなに困っても助けを求められない、となっています。それが孤立を招きます。

人間は完全でないのだから、時には迷惑をかけることもあります。もう少しお互いに自分の主張を振りかざさないで、「まあ頑張ってもうまくいかないときもあるさ」「困っているときはお互い様さ」と、少しは迷惑をかけられても共感力を持って柔らかく受け止められると、もう少しのんびり生きられるかもしれません。

コロナに際しても、他県ナンバーの車にバッシングをする、感染者を出した家族が非難されるという現象が広く見られました。自分は自粛しているのに自粛していない人がいるのは許せない、と攻撃する人もいて、自粛警察などと言われました。その心理は自分が我慢してルールに従っているから、ルールに従わない人は許せないということでしょう。実際にマスクをしていない人からウイルス感染するのを恐れているというより、ルールに従わないことが攻撃の対象になるのです。

個人が人に迷惑をかけないで生きていくことを求めすぎると、どんなに困っている人を見ても「自己責任でしょ」と突き放す社会になってしまいます。

与援力——悩みや悲しみに共感する

私たちホモサピエンスは、飢餓や疫病にさらされ、災害に襲われるような苦しいときにお互いを助け合ってきたので、ここまで生き延び、繁栄してきたのです。

そう言うと、いや人類の歴史はホッブズというイギリスの哲学者が言うように「万人の万人に対する戦い」である、と反論されるかもしれません。確かにほかの群れやほかの部族、ほかの国との間では戦いがありました。それでも家族や信者や地域や集団の中では助け合いました。現在の社会保障制度の福祉や年金は国の内部での助け合いの仕組みです。そして人類は今では日本という国の中だけでなく、世界共通の地球環境問題や新型コロナパンデミックに対応して協力しなければならなくなっています。

しかしいきなり人類愛と言われてもピンとこない、人類共通の脅威に力を合わせて立ち向かおうと述べられても現実感がない、という声が聞こえてきそうです。

一足飛びにそこまで範囲を広げるのではなく、まずは身近な人の悩みや苦しみを「自己責任でしょ、私と関係ない」と切り捨てるのではなく、「大変だろうな」と相手の立場に立って共感するのが第一歩なのではないかと思います。そのうえで自分が何か助けることができないか考える。こうした「共感」は心の問題だけではなく、ビジネスのイノベーションのきっかけになると経営学者の野中郁次郎《のなかいくじろう》さんも言っておられます。人々が不便で困っている、悩んでいる課題を解決してあげようという共感力が、新しいビジネスを生むのです。お金をもうけるのだけが目的のビジネスは成功しません。

例えばコロナに感染した人に対し、近寄ると自分も感染すると恐れすぎて遠ざかるのではなく、大変だったね、頑張ろうね、何か助けることはないかと言葉をかける、具体的に頼まれたことをするということから始めてはどうかと思います。感染症でなくとも、がんや難病で苦しんでいる人に対してもその悩みや苦しみに共感する。具体的な援助はできなくても、厳しい状況を推察し共感する。

それができるかどうかは生まれつきの性質だけではなく、育ってきた環境、その人が生きてきた中で体験したことの影響が大きいのではないかと思います。順風満帆《じゅんぷうまんぱん》、失敗や不運にも遭わず順調に生きてきた人は他人の悩みがわからない傾向があります。苦労したり、馬鹿にされたり、差別されたりした経験のある人は、そうした悩みに共感できることが多いようです。もちろん順調に幸せに生きてきた人でも、相手の悩みに同情し優しく手を差し伸べる人もいます。逆に苦労を重ねてきた人でも、かえって心がかたくなになり、自分もいろいろな苦労をしてきたのだから他人も苦労すればよいだろう、と考える人もいます。個人差はありますが、つらい経験をした人はほかの人のつらさに共感力を持ちやすいと私は期待します。共感を持てると苦労した経験が生きてきます。努力してもうまくいかないことがある、これで人生終わりと覚悟する、そうした苦境や悲しみを潜《くぐ》り抜けてきた人は、人間の限界を知り、共感能力が高まっているのではないかと思います。それがダイバーシティの一つの長所です。ぜひ周囲の人の苦しみに共感する人になりましょう。

人に迷惑をかけないということは、人に助けを求めてはいけないということではありません。学校でのいじめ、仲間外れなどを根絶することはできないかもしれませんが、**力のない人、人に迷惑をかけざるを得ない人をいじめるのは人間として一番卑《いや》しい恥ずべきこと**としっかり教えなければいけません。そしてほかの人を助けたら、自分も気持ちがいいという経験を若い人たちに伝えることが必要ではないかと思います。

無財の七施

与援力を持ちたいと思っても、自分にはお金や財産もなければ地位や権力もない、あるいは教えてあげる知識もない、と考えている人がたくさんいます。自分にはとても人を助ける力がないから、人助けなんかしない。人助けをするのはお金や権力を持っている余裕のある人だと。

仏教では布施《ふせ》といって、人に施《ほどこ》しをすることの重要さを説いています。施しには財施《ざいせ》（経済的な施し）、法施《ほうせ》（教えを説いて心を安らかにする）、無畏《むい》施《せ》（恐れや脅威を取り除く）と、いろいろな施しがありますが、お釈迦さまは財力や智慧《ちえ》がなくても、どんな人でも7つの施しができると言っておられます。

その7つの施しとは、1、**眼施**《げんせ》：慈《いつく》しみの目で接すること　2、**和顔施**《わがんせ》：穏《おだ》やかに喜びの表情を持って人に接する　3、**愛語施**《あいごせ》：相手に対して思いやりに満ちた言葉をかける　4、**身施**《しんせ》：自分の体で奉仕すること　5、**心施**《しんせ》：他人に心を配りともに喜び、ともに悲しんであげる　6、**壮座施**《そうざせ》：座席を譲る　7、**房舎施**《ぼうしゃせ》：雨や風をしのぐ場所を与える、です。

特に初めに挙げられている3つは普段の生活の中で自分で心がければできることですし、現実に多くの人はそうした「施し」を受けてうれしく思った経験があるに違いありません。

例えば眼施、相手から好意を持った目で見られると心が温かくなります。たとえ寝たきりで体が不自由な高齢者でも、眼施は可能です。介護してくださる方に感謝の目を向けるのも眼施です。逆に何も言わなくても、憎しみのこもった目で見られると心が凍り付きます。それは次の和顔施にも通じます。相手が好意を持っているかどうか顔つきでわかります。機嫌のよい顔を向けてもらうと心が和《なご》みます。不機嫌でいつも怒っているような人のそばにいると、こちらも気が沈みます。何か気を悪くするようなことをしただろうか、言っただろうかと心配になります。機嫌よくしているのも周囲の人に対する布施です。3つ目の愛語施は、相手のためを思い、優しい言葉をかける、時には悪い行ないを厳しくたしなめるにしても根底に相手に対する愛情があり、相手に良かれと思う気持ちがあれば伝わります。逆に美辞麗句を言っても上辺《うわべ》だけの心のこもらない言葉は反発されるだけです。お世辞やおべんちゃらは愛語ではありません。

4つ目以降は少し難度が上がります。

4つ目の身施は自分の体を動かして相手の世話をする。これは奉仕活動、ボランティアに通じる活動です。普段から同僚が困っていたら仕事を手伝う、くたびれている配偶者に食事などの世話をするなど、面倒がらず体を動かし働くことです。5つ目の心施は共感力とでも言うのでしょうか、他人の受けた苦しみを自分の痛みとして苦しみ、人の喜びをともに喜ぶことです。一緒に喜んでくれる人がいると喜びは倍増し、ともに悲しんでくれる人がいると苦しみは半減します。6つ目の壮座施は疲れているときでも電車などで自分の座席を譲る、ひいては自分の就いている地位やポジションを人に譲る。どちらもかなり大変ですが、それを行なえば感謝されるのは間違いなしです。7つ目の房舎施も旅人に宿を貸すだけでなく、身寄りのない人、世話してあげる人がいないホームレスや難民の人を家で世話する。となると、なかなか大変なことです。それでも親類の高齢者を引き取ったり、里親として他人の子供を育てたりする立派な方もいます。

このようにお金や資産を自分の欲望のためだけにむさぼらない。これは仏教だけでなく、すべての立派な宗教が推奨している善行です。お金や資産を分かち合うのは他人のためだけではなく、自分の心の平安、喜びとして返ってきます。

仏教の言葉は古臭い、現代の人には役に立たないと思いがちですが、その根底に流れる思想は時代や社会の在り方を超えて私たちにも参考になります。仏教の瞑想や座禅からマインドフルネスが生まれたように、無財の七施はボランティアの勧めであり、共感力の推奨であり、精神的シェアリングといえるのではないでしょうか。

分かち合えばお金も物も心もゆとりが生まれますが、奪い合えば足りず争いを生み、お互いを苦しめます。**与えることによって私たちは逆に多くを与えられる**のです。お金や権力はなくても自分は何を与えることができるか、考えてみると無財の私たちでもたくさん与えることができることに気が付きます。

第7章　楽しみを発見し一人を楽しむ

知らなかったことを知る楽しみ

人生を幸せに生きる鍵の一つは、普通の毎日の生活の中で**自分で楽しみを見出す習慣を持つ**ことです。もう一つは**自分が成長している、前よりベターな自分になっていると実感する**ことです。

私は今までいろいろな経験をし、本もたくさん読んできましたが、へえ、そうだったのか、初めて知った、ということが今でもたくさんあります。

日々私たちの前に現れる新しい機器——携帯からスマホへ、パソコンでもこれまでなかった機能を使うのはもちろん新しい経験です。１９８０年頃アメリカに留学していたときは国際電話料金が高かったので、１週間に１回だけ割引料金の適用される土曜日の12時に日本に電話をしていました。しかし現在は、ベルギーに住んでいる娘一家とはＳｋｙｐｅやＬＩＮＥを使えば無料で画像付きで話ができます。なんて科学技術は進歩したものかと感謝するばかりです。ＦＡＸが登場したときも感動しましたが、今ではメールですぐ用が伝わります。パソコンやスマホは今や、生きていくために使いこなさなければならないスキルになりました。

一方、宇宙の始まり、地球の歴史、生命の起源、人類の歴史、日本の先史時代について、新しい発見、新しい学説が次々と現れて、私たちの知らない謎が次々と解き明かされています。そのすべてを知るわけにはいきませんが、そうだったのかと感心することばかりです。歴史上の人物も新しい研究を知れば先入観を覆《くつがえ》させられることが多いです。

先日もコロナで時間ができたので、ぼんやりとしか把握していなかったオスマントルコやビザンチン帝国、チンギス・ハン没後のモンゴル帝国の歴史を読んで「そうだったのか」と知らなかったことを知りました。

これらのことを知っても別に今の仕事に役に立つわけではありませんし、専門家になって論文が書けるわけではありませんし、著作に引用できるわけでもありません。何の役にも立たず、全く不要不急の知識であり、読書ですが、純粋に知ることが楽しいのです。

こうした「知識」だけではなく、古くから知っていてもあまり深く話したことのない知人が、私と同じ経験を別の感じ方で受け止めているのを知ったり、その人の経験から得た洞察力のある言葉を聞いて感心したりすることがあります。娘とも私が若いときはじっくり話すことがなかったのですが、今になって話していると子供の頃はそんなことを考えていたの、と初めて知ることがあります。

私は自分が生活したボストンやブリスベンを訪れ懐かしい場所で友人たちと会う旅が大好きですが、初めての場所へ行く旅も刺激的です。サウジアラビア、サハ共和国、深圳《しんせん》などを訪れたりピースボートに乗ったりして、今までの常識が通じない世界を体験できてワクワクしました。地球にはまだ行ったことのない場所がたくさん、たくさんありますので、これからもできるだけそうした場所へ行くのが楽しみです。

こうした知識は、先ほども言いましたが、直接仕事にも生活にも役に立つことはありません。

それでもたまに思いがけない人との話題に出て話がはずんだりします。へぇーこの人は経験豊かで賢い人だ、と改めてその人のことを見直すことにもつながりました。あの国にはこんな歴史があったから、と思い出して自分の心の引き出しを豊かにすることもできます。若くて組織の下のほうで日常の仕事に追われていたときは余計な知識は全く役に立ちませんでしたが、少し役職が上がり、スピーチの機会や社交的な場に出ることが多くなると、役に立たなかった知識が役に立つこともたまにあります。

そうした引き出しの中から、コロナのような想定外の事態が起こったときに、「そういえば」と中世のヨーロッパの人たちがペストにどう対応したか思い出すように、いろいろなことを知っていると厳しい状況に立たされてもパニックにならなかったり、人の気持ちに共感できたりするのではないかと思います。私の反省としては、自分の中にあるいろいろな経験から作り上げた思いや、知識があるのに仕事にも社会にも十分役に立てないまま過ごしてきたということです。そう思うと少し寂しいですが、この本が書けるというのも私が仕事に直接役に立たない世界を持っているからと感謝しています。

できないことができるようになる

鉄棒の逆上がりができた、補助輪なしで自転車に乗れた、カレーが作れた、アメリカの人と会話ができたなど、自分にはできなかったことができるようになるのは楽しくうれしいことです。子供の頃の毎日はそうした喜びに満ちていました。

大人になるとそうした「できた！」と喜びを感じる機会は減っていきます。大人になっても「できたらいいな」と思うことはたくさんあるのですが、どうせ私にはその才能がないのだから、と試しもしないであきらめることが多いのです。これはもったいないことです。歳を取っていても訓練によって自分でもできるようになることはたくさんあります。例えば語学やパソコンのスキルはもちろんですが、性分や才能だと思っていることでも訓練で変えることができます。「言いたいことを上手に伝える」能力は生まれつきの才能とあきらめている人が多いですが、これも環境に影響されている点が多いそうです。マインドセットを変えるとかなり言いたいことが言えるようになると、心療内科医の海原純子《うみはらじゅんこ》さんは言っておられます。

日本人の8割以上が、自分は口下手で言いたいことを言えない人間だと考えているそうです。とりわけ女性は日常的なおしゃべりや雑談は上手な人が多いのですが、自分の意見を言ったり嫌だと断るのが苦手と言われています。おそらく周囲と波風を立てないで、穏やかに「女らしく」ふるまうよう育てられてきたためではないでしょうか。女性たちは自分の意見を表明しない、忍耐する、遠慮してふるまう、謙譲であることが女性の美徳としていつの間にか周囲から刷り込まれてきました。それを長期間続けていると自分は何をしたいか、どう生きたいかと考えることから目を背け、自分を抑えつけることが身について習慣になります。その結果自分の意見そのものがなくなっている女性も少なくありません。率直な自分の意見を表明せず、状況から逃げたり、言い訳するのが癖になって、他人へ責任転嫁したりしていると、他者との信頼関係も築けません。中には自分の気持ちを抑圧しすぎて体の変調をきたしている人さえいます。

言いたいことがあっても我慢するのではなく、どうしたらうまく伝わるか、考え工夫してできるようになる。そしてそれは生まれつきの才能ではなくて訓練によって身につくスキルだという考え方が、「アサーティブ」という言葉の概念です。海原純子さんは、オンラインを活用して成人女性向けのアサーティブ講座を開催しておられます。

アサーティブに行動するためには、具体的な状況を把握し、自分の気持ちを整理し、いつどのようにイエスと言い、ノーと言うか。相手の気持ちを傷つけないで自分の気持ちを明確に伝えるにはどうすればよいか、という具体的なスキルを練習して意味づけることが必要です。

そのための第1ステップは、相手の言葉を過剰に重く受け取らないことです。相手の言葉は検討を経て導き出された、最終的で不変な意思だと思わないことです。これがだめならあれはどうか、いくつかの選択肢がありうると相手も迷っているかもしれません。例えば、何日の昼食に参加しませんかと誘われたが予定が入っている。単に「参加できません」と断るのでなく、その日は予定がありますが、この日かあの日なら空《あ》いています、と返してみる。すると、それでもいいねということが結構あります。相手は何が何でもその日にと強く思っていることはないのだと気楽に考えましょう。「なるほど、そういう考え方（やり方）もありますね。しかし、こういう考え方はどうでしょうか」と提案してみる練習をする。上司から急ぎの仕事をしてくれと言われたら「今、私は明日締め切りの別の仕事をしているのですが、お急ぎですか。どちらを優先させましょうか」と聞いてみる。それを学ぶワークショップもあります。

第2ステップは、できるだけ否定的な言葉を使わないこと、会話ではポジティブな言葉を使うよう努力する。はじめから「ノー」「嫌です」ではなく、「そうですね、しかしこちらにしてはいかがでしょう」「なるほど、でもこういう意見もあります」など、英語でYES, BUTと言われる言い方です。

第3ステップは、断るときも、相談するときも、まず声をかけてくださったことに感謝し、そのうえでこちらの事情を説明することです。声をかけていただいた会合に出席できないのはこういう先約があるから、仕事の最終段階にかかって厳しい状況だからなど、丁寧に説明します。

その手順を省いて、自分だけ我慢すればよいと何も提案しなかったり、断ると気を悪くするだろう、と勝手に忖度《そんたく》していやいや受け入れたりするのはやめる。それが自然にできるようになるには練習をする必要がある。それがアサーティブ・トレーニングです。

練習の結果、嫌な誘いを断ったり、頼まれた仕事の猶予をもらったりすると、「できた」とうれしくなります。

実は長い間、私は文章を書くのは好きでしたが、人前で講演やスピーチをするのが苦手でした。それでも何度も何度も話す機会があったので、何度も失敗しながら少しずつ慣れて進歩しました。今でも上手とはいえませんが、気が付いたらそれほど苦手に思わなくなっていました。

もう自分には新しいことはできない、もう進歩しないと自分で決めつけるのをやめると、できないことができるようになって楽しいですよ。

わからなかったことがわかる

あなたが今大学生なら、高校生のときに試験で解けなかった問題が解けたら「なるほど自分も賢くなった」と思えます。できなかった数学の問題を3、4年後に解いてみると、なんでわからなかったか不思議なくらいたやすく解けることがあります。全体の総合的な力がついているからでしょう。

こうした学習課題だけでなく、**いろいろな問題が時間が経《た》ってから「そう**

いうことだったのか」とわかることがあります。ある案件が潰れたのは気難しい幹部の一人に根回しをしていなかったからだということが、しばらく経ってからわかることがあります。終わってからわかってもしょうがない、と思わず、なるほどそうだったのか、と謎が解けたことを楽しみ、次の参考にしましょう。

また自分が経験して初めてわかることがあります。私は独身の頃はそれほど子供好きではありませんでしたが、母は子供や孫が大好きでした。大人になって自分で子供を持ってみるとたくさんの苦労もありましたが、子供のかわいさもよくわかりました。同時に母に対しても「大変だったのに愚痴も言わず、よくかわいがってくれた」と改めて親のありがたさがわかりました。文学作品を読んで親子の愛についてはよく知っていたつもりでも、体験して初めてわかりました。

まだ人生も社会も知らず頭でっかちだった10代の頃、就職・結婚・出産・育児に取り組み一番苦しかった20代、やっと自分のやれそうなことが見えてきた30代などと比べると、歳を重ねるとともにわかってきたことが増えてきます。それなりに経験を積み、若いときにはわからなかったことがわかり、ほかの人の苦しみや喜びが少しはわかるようになりました。人生は思うようにはいかないが、悪いことばかりでもない。

大金持ちの人と比べたら取るに足りなくても、自分の生活を賄《まかな》って少し社会的なことにも使える程度のお金はあります。ちゃんとまともに育ってくれるか心配していた娘たちも、ワーキングマザーとなってそれなりの自分の人生を生きています。そうした人生の価値や成功というのは所得や地位で測れるものではない、華やかでなくても継続することの大事さ、積み重ねることの大切さがわかってきます。人生に対する視点が深まったというのでしょうか。

若いときは、失恋や左遷などの苦しい体験はしないに越したことはない、と思い、また自分がそうした逆境に耐えられない弱い人間だろうと危惧していましたが、実際に経験してそれを切り抜けることができると、自分にも意外と力があるのだとわかって少し自信がつきました。

どれだけ歳を重ねても「初めてわかった、なるほどそうだったのか」と思うことがたくさんあり、若いときよりずいぶん賢くなっています。歳を重ねて賢くなっているのにそれを発揮する機会はほとんどないのは残念ですが、これは社会制度の改善が必要で、個人だけでは解決できません。若い人にはぜひこうした高齢者の智恵を活用してほしいものですが、「人知らずして慍《うら》みず」という心境にならなければならないと自戒しています。

周りの人の長所を発見する

わからなかったことがわかることの一バリエーションですが、歳を重ねると友達や周囲の人の長所を発見することがあります。もちろん尊敬し憧れていた人の短所や欠点を発見することもあるのですが、短所を発見してもあまり自分でも楽しくないし、相手にも嫌われます。短所はつい気になり自然と目に入りますが、**長所は見つけようとしないと見逃してしまいがち**です。できるだけ友人の短所を見ないで長所を発見するように努めると、こちらも楽しくなりますし、相手にも伝わります。

同じ職場で仕事をしていても知らなかったが、実は週1回ジャズピアノをライブで演奏していたとか、毎年書道の作品展に入賞していたとか、匿名で小説を書いていたとか、知らない特技を持っている人がいます。余計なことをしてちゃんと仕事をしていないぞ、どうせアマチュアだろうなどと貶《おとし》めるのではなく、よくやっているね、すごいね、と感心しましょう。

普段は全く愚痴も言わないのでこちらも知らなかったのに、子供が重い障害を持っていたり、奥さんが心を病んでいたり、親の在宅介護を続けていたりする人もいます。きっと言い出せばきりがないほど大変なことがたくさんあるのに、淡々とこなしている。自分にない強さを持って頑張っている、想像できない重荷を担っているとわかっている人が身近にいたら素直に感心しましょう。有名でなくとも私たちの周囲にはこうした「無名の偉人」がたくさんいます。その人たちの頑張りを自分の励みにし、敬意を言葉で伝えましょう。

日常の仕事をしているときに、ふと若い同僚から思いがけない斬新《ざんしん》なアイデアが出てくることもありますし、地味な同僚が含蓄《がんちく》のある洞察に満ちた意見を言うことがあります。**人間は多面的な存在です。**どうしても自分が接している一面だけで全体を判断しがちですが、ぜひ周囲の人の長所を発見し、それに感心しましょう。

子供や孫が思いがけない頑張りを見せてくれたり、自分の大学の学生や卒業生が頑張って成功したりするとうれしいように、自分の知り合いや周囲の人が長所を持っているのを発見し喜び、それを人にも伝え、応援しましょう。

他人の成功を喜ぶ

他人の成功を喜ぶことは、私たち凡人にはなかなかクリアするのが難しい高いハードルです。「隣の貧乏雁の味」とか、「隣に蔵が建つと腹が立つ」のようなことわざがあるように、人間は他人と自分を比べる動物で、放っておくと嫉妬心が大きくなります。隣人の収入が高く豊かに暮らしていると自分と引き比べて、劣等感や妬《ねた》みを抱いてしまう。自分は努力してもなかなか認められないのに、同僚が抜擢《ばってき》されると心が波立つ。友人の同じ歳の子供が難関校の受験に成功して大喜びをしていると、それに引き換えわが子はと思ってしまう。誰にでもこうした経験は山のようにあります。人は人、自分は自分と思わないと、いつまでも心が休まりません。大体直接知らない人が成功していても「そうか、頑張ったんだ、よかったね」と思うのに、同級生や同僚や身近な人が成功すると、心穏やかになれない。

それに対するいろいろな教訓はありますが、ぐっと実践的なアドバイスだけをしましょう。

心の底からうれしくなくても、形だけでも上辺《うわべ》だけでも良い言葉、良い表情を表わすことです。**「よかったね」「本当におめでとう」「私もうれしい」と祝福する習慣をつくる。**面と向かって言うだけでなく、共通の知人にもそう言いましょう。友人や知り合いの成功に対し良い言葉を出すと、自分の気持ちも良いし相手も喜びます。それに引き換え私は、という気持ちがつい起こりそうになったら、心の中で自分もそれなりに頑張っているじゃないかと自分で自分を慰めて妬みを爆発させない。「あの人はたいして能力がないのに何でうまくいったんだろうね、上手に上の人に取り入ったのだろうね」などと正直な感想を声に出すのはご法度《はっと》と自分でルールをつくるのです。気持ちのままのコメントは自分が狭量《きょうりょう》で未熟な人間であることを示し、自分の価値を下げ、自己嫌悪をもたらします。

第8章　自分を大切にする

好みやわがままを通すことではない

私は昭和女子大の学生に7つの力を持とうと呼びかけています。

その中で一番重視してください、と言っているのが**「自分を大切にする力」**です。自分を大切にするとはどういうことでしょうか。

人間は誰でも自分のことが一番大事だと思っている、最近の若者は自分中心で利己主義がはびこっているのではないか、それなのになぜ今さら自分を大切にと言うのか、と批判されることもあります。もちろんトランプ前大統領のように自分ファースト――自分中心で自分の欠点や失敗を認めない人になれというわけではありません。

しかし私の目からは、昭和女子大に限らず今の若い学生の中には自分を大事にしないで粗末に扱っている人が多いように見えるのです。

例えば、高校までの成績で自分は頭が悪いと決め込んで、どうせ大した仕事にも就けないからと勉強をしっかりせず、簡単な資格も取らない。いろいろなボランティアやプロジェクトの募集があっても私には無理とはじめからあきらめて手を挙げない。

少し太めのスタイルを気にして、自分は不美人だとコンプレックスを持って服装や身だしなみにかまわない。あるいは似合わない服装をする。

せっかく健康に生まれているのに、無理なダイエットをしたり、たばこやお酒に手を出す。第3志望や第4志望で進学した自分の高校や大学を「レベルが低い、ろくな先生がいない、ろくな友達がいない、こんな学校を卒業しても意味がない」と馬鹿にして、目の前に提供されているチャンスを生かさず投げやりに過ごす。就職した会社の業界順位が低い、給料が低い、立派な上司がいないと馬鹿にして仕事に打ち込まない。

こういう若い人を見ていると、もったいない、自分の今活用できる機会を無駄にせず、もっと自分と自分の今の状況を大事にすればよいのにと思ってしまいます。さらに残念なのは自分を本当に愛してもくれず、大事にもしてくれない人と付き合い、裏切られたり、馬鹿にされたり、時には暴力を振るわれながらも付き合っている女性（男性）です。自分に対する自信がなく、この男性（女性）と離れたら生きていけないと思い込んでしまっているのです。そんなあなたを大切にしてくれない男性と別れても生きていけるよ、もっと自分を大切にして、と言いたくなります。

私の考える「自分を大切にする」とは、自分の好き勝手に生きる、自分のやりたいことだけをする、自分の好みを振り回すということではありません。例えば生まれつきの顔や背の高さ、骨格などは変えることは難しいですが、その中から少し魅力的なポイントを見つけ、アピールするにはどうすればよいか工夫する。昔と違って典型的な美人は尊重されず、個性が尊重される時代です。私が審査員をさせていただいたミスインターナショナルのコンクールでも優勝するのは金髪碧眼のヨーロッパ系の女性より、インドネシアやフィリピン出身の女性、あるいはアフリカ出身の女性です。肌の色が少し濃くても目が輝いている、少し身長が低くてもメリハリの利いた鍛えられた筋肉が見事など、「美人」の定義は多様化しています、自分の良いところを堂々とアピールしている女性が高く評価されています。

能力にもいろいろな種類があります。高校までの成績では、記憶力や与えられた課題に答える力は測られますが、それ以外の様々な知的能力、例えば課題を発見する、論理構成が緻密、などという能力はあまり関係ありません。共感能力がある、リーダーシップがある、表現力がある、失敗してもくじけないなどという能力も成績には反映されません。そうした力は本当は現実に社会に出て物事を成し遂げるには重要な力ですが、数字で表わせません。

学校の成績が悪い人は、成績が良い人に向く仕事とは別の世界で能力を発揮すればよいのです。成績が悪くても自尊感情を持ってほしいものです。

自尊感情とは何でしょうか。大した才能はなくても、大して美人でなくても、大して良い学校を出ていなくても、「それが自分だ」と受け止めることです。美人だから、成績が良いから、金持ちだから価値があるのではありません。どんなに気に入らなくても、自分のありのままを嫌悪しない、自分はそれ以外の顔もスタイルも出身校も持てないわけです。それを否定しても始まりませんから、この「自分」を受け入れ精一杯活用することです。

学校の勉強での偏差値は低いかもしれないけれど、少しは得意なことがある（絵がうまい、料理がうまい、おしゃれでセンスがよい、人を笑わせることができるｅｔｃ．）、少しはかわいいところがあれば、「それも自分」と少し自信を持ちましょう。私は、親や先生の大きな役割は、自分では気が付いていないその子の良いところを見つけて勇気づけてあげることだと思っています。

私自身も目が細く、丸顔であまり美人ではありませんでしたが、母が「笑顔がいいよ」「笑うとかわいい」とほめてくれたので、自信を持って笑ってきました。

いずれにしても、自分の変えようのないことは気にしないことです。そして自分を変えることができる分野で少しでも努力していくことが、「自分を大事にする」ことです。

何をやってもついていないから、どうせ才能がないからと自分を見捨てたくなりますが、**自分が自分を粗末に扱ったら、誰も大切に扱ってくれません。**まず自分が自分を大切にしましょう。

自分を知る

自分らしくありのままに無理なく暮らすのが幸せだと思っている人がたくさんいます。「私ってこんな人なの」と決めつけている人もいますし、「俺の流儀で生きて何が悪い」と居直っている人もいます。

しかし「自分」のことを知らないのも自分です。友人や家族からは自分が思い込んでいるのと異なる長所や短所を指摘されて驚くこともあります。第7章でも書いた通り、歳を重ねていくうちに「自分」も変化し、できなかったことができるようになり、わからなかったことがわかるようになっていきます。それなのに「自分はこんな人」と決めつけてしまうのはもったいなく残念なことです。

まずは現在の自分の長所と短所を書き出してみましょう。

たいていは長所より短所のほうがたくさん思い浮かびます。多くの人は短所を気にしながら生きているからです。

でも少しは良いところもあるはずです。温かい友人に自分の長所は何かと聞いてみるのもよいでしょう。

若い頃には短所ばかりを意識していた私も、歳を重ねて少し変わりました。今もできないことはたくさんあり、人と比べて劣っていることはたくさんあるのですが、若い頃に比べれば、自分の短所があまり気にならなくなりました。その理由は3つほど挙げることができます。

まず第1は、少しずつ**自分の得意なこと、できることが見えてきた**からだと思います。自分にはできないことはたくさんありますが、できることも少しはあります。話はそう上手ではありませんが、文章を書くのは苦になりません。たくさん文章を書いていると時には良い文章も書ける。実務にかかわる専門的知識は大したことはありませんが、役に立たない歴史や文学など不要不急の知識はたくさんあります。お掃除は得意でないが、料理を短い時間にささっと作ることはできる、などがわかってきました。欠点をなくすための努力はつらく、あまり効果が上がりませんが、得意なことを伸ばす努力は楽しく成果が上がりやすいので苦になりません。自分の得意なことを磨いて伸ばしていくことで、短所や不得意なことが気にならなくなっていきます。

第2は、**悩む暇があるなら行動する**ことです。経験から学んだことですが、仕事のうえでも日常の生活でも、できないことにいつまでもくよくよ思い悩んでいても何も変わりません。悩む暇があるならばまずやってみる。どうしてもできなかったら誰かに助けを求める。１００パーセントの出来でなくても何とかなるものだ、と少し図々しく考えるようになったので悩みが減りました。そしてどんな人も（客観的に見たら大したことのない）劣っていることや欠点を抱え、悩んでいることがわかってきました。自分だけでなく誰でも人知れず欠点に悩んでいるのです。

第3は、**欠点や短所にもプラスの点がある**ということです。自分が失敗を重ねていると他人の失敗に寛容になり、欠点や短所も見方を変えれば自分の特徴で、得難い経験を与えてくれます。また欠点は悪いことだけでないこともわかってきます。要領が悪いのは反感や嫉妬を受けにくい、太り気味でも健康なのが一番、などと視点を変えれば欠点も特徴になります。反省し、直そうとするだけでなく、欠点の中にもプラスの側面を見つけ出して自分を慰めます。

自分の長所と短所を知ったうえで長所を伸ばしていくためにも、自分自身を知りましょう。

生かされている命

戦争や災害で身近な人が亡くなった経験をした人は、自分の生きている意味をとことん考えるそうです。なぜ家族が亡くなったのに自分は生き延びたのか、あんなにいい人が立派な人が理不尽《りふじん》に亡くなっているのに生き残った自分は何のために生きているのか。

そうした特別な経験をしない私たちは、日頃生きている意味をあまり考えないで過ごしていますが、改めて考えてみると自分が生きているということは、本当に不思議な不思議な偶然の積み重ねによるものです。

交通事故で亡くなる方たちは今も後を絶ちません。2019年の京都アニメーション事件のように理不尽な犯罪に巻き込まれて命を落とす人もいます。コロナやがんなどの病気で亡くなる方と助かる人の差も紙一重。私たちは運のいい人、運の悪い人と言うことがありますが、自分がこの世に生を享《う》け、病気や事故にも遭わず今日まで生きているということが、特別に幸運な偶然の積み重ねです。偶然が重なったおかげで、生きているのです。

何度も繰り返しになりますが、自分が生まれてきたのは偶然と幸運の結果です。たまたま自分の親となった男女が出会い、さらにそれぞれ親が出会い、生まれた子が大人になるまで生き延びて子供を産むことを何代も、何代も続けてその結果、自分が生まれてきたのです。

自分まで続く命の流れを考えると「生んでくれと頼んで生まれてきたわけではない」のに、生まれてきた不思議さを思います。自分の意志でなく生まれてきて、自分の意志でなく、幸運にも生き延びてきている。**生きているのは自分の意志だけでなく、何か大いなる存在によって生かされているのだと思えます。**そして時期が来たら自分の意志でない何らかの理由で死んでいく。それまで生かされている命を精一杯生きる、せっかく与えられた命を全《まっと》うする、これは私たちの最低限の義務です。たとえコロナで思うように行動できなくても、計画通りに物事が進まなくてもあきらめてはいけないのです。

人生がうまくいくかどうかは運に左右される。自分が努力すれば何とかなっていい結果が出るとは限らない、という厳しい事実は受け入れなければなりません。だからといってあきらめて何もしないで、成り行きに任せておくということではありません。結果はどうなるかわからなくても今置かれた場で精一杯努力する、それが与えられた命を大事にするということなのです。人生思うようにならないから生きている意味がない、というのではなく、何が起こるかわからないが与えられた人生を生き切ってみる、と覚悟しましょう。

いくら努力しても認めてくれる人はいないかもしれません。良かれと思ってしたことが、こと志《こころざし》と違う方向に行く、善意でしたことでも感謝されるどころか恨まれる、それでも自分が良いと思うことをしていくしかありません。

成功するために手練手管《てれんてくだ》を発揮し、悪智恵を働かせてもうまくいくとは限りません。それより与えられた場で精一杯自分が納得できることをすべきなのです。例えば私も公務員をやめてからご縁があって昭和女子大学に来ました。大学教育に携わりたいという志を持って応募したわけではなく、偶然が重なった結果です。そのときに、どうせ私は大学教育について素人で経験もないから大したことはできないだろうとあきらめないで、及ばずながらできること、成すべきだと考えることを少しずつ積み重ねてきました。はじめの数年は努力しても大きな成果はなく、それでもあきらめずコツコツと努力を重ねていると、10年ほどして昭和女子大生は意欲的になったと評価され、就職率が上がり受験生が増えるなど、結果が出るようになってきました。

私だけでなく多くの人は思いがけず、図《はか》らずも、新しい仕事に就くことがあります。そのときにこんなポストに就きたくなかった、自分が望んだ仕事ではないなどと言っていないで、できるだけのことをする。

子供に対しても、思っているような性格ではない、能力が期待したほどではない、としても自分なりに精一杯愛する。与えられた命を生きるというのはそういうことではないかと思います。

自分を大切にするというのは、こうした目の前のやれること、やるべきことに一つ一つ取り組んでいくことです。自分で自分を見捨てないで、少しでも成長しよう、よい人間になろうとすることです。

今の一瞬を大事にすること。それが幸せな人生をつくり、それが社会を良くするのです。

一人一人が幸せに生きるには善く生きることが不可欠です。それが周囲の人を幸せにする循環を生むのです。

あとがき

2020年、世界中の国で新型コロナウイルスパンデミックが蔓延《まんえん》しました。

コロナで改めて明らかになったのは、今の世の中はVUCA《ブーカ》といわれるように、一寸先は闇、何が起こるかわからないということでした。私たちはそれを覚悟して生きていかねばなりません。コロナのような感染症だけでなく、東日本大震災のように災害も事故も思ってもいないときに襲い掛かります。

自分でコントロールできない状況に巻き込まれることもあります。戦争が始まる時期に20代だった青年の多くは兵役に就き、戦いに駆り出されました。

現代でも、高校や大学を卒業した時期の景気によって就職状況は全く変わります。女性も雇用機会均等法や、育児・介護休業法が制定された後に恩恵を受けた人は幸運ですが、それ以前に就職や出産しその恩恵を受けることができなかった人もいます。人生のあらゆる場面で「こんなはずでなかった」という想定外の出来事が起こります。

しかしそこで、「なんて自分は損している」「自分は運が悪いのだ」と嘆いても始まりません。人生に運不運はつきものです。幸せな人生とは、不運でも幸運でも与えられた状況の中で精一杯生き切ることです。

過去の不運や自分の過ちを悔やみ、未来に何が起こるかと不安になったり恐れたりするのをできるだけやめ、過去と未来の真ん中であるかけがえのない「今」を大事に、「今」できることを精一杯行なう。成功してうまくいったことだけでなく、失敗したりうまくいかなかったりしたことでも、その中からいい部分を発見し、経験として積み上げていくことが幸せな人生をつくるのではないでしょうか。

本書は、２０２０年コロナ禍での緊急事態宣言下で、昭和女子大学の学生たちに「今」を大事にしようと呼びかけたメッセージをきっかけに生まれました。コロナに限らず人生は何が起こるかわかりません。新型コロナウイルスパンデミックは大変な痛みを伴う想定外の出来事ですが、今できることをやるしかない、今できることを大事にする意味を改めて私たちに問いかけるきっかけにもなったように思います。

この本は、祥伝社の栗原和子さんのお声がけとサポートにより完成しました。多くの方々がこれからの時代の幸せな生き方を考える一助となれば、著者として嬉しく思います。

2021年4月

坂東眞理子《ばんどうまりこ》

この本は新型コロナウイルスパンデミックの当時の私が心を込めて書きました。特別な時期にどう生きるか書きましたが、今読んでも、そのとおりと思うことをたくさん書いています。このたび文庫本として再び皆さんにお届けできるのは本当にうれしい。ありがたいと思っています。ぜひ読んで共感してくださる言葉に出合ってください。

2024年6月

坂東眞理子（ばんどう　まりこ）
富山県生まれ。昭和女子大学総長。東京大学卒業後、69年に総理府入省。内閣広報室参事官、男女共同参画室長、95年に埼玉県副知事、98年総領事（オーストラリア・ブリスベン）などを歴任し、2001年、内閣府初代男女共同参画局長を務め退官。04年に昭和女子大学教授、同大学女性文化研究所長。07年に同大学学長、14年から理事長、16年から総長。320万部を超える大ベストセラーになった『女性の品格』ほか著書多数。

本書は、２０２１年５月に祥伝社より単行本として刊行された作品に、加筆・修正をして文庫化したものです。

一〇〇字書評

切り取り線

購買動機（新聞、雑誌名を記入するか、あるいは○をつけてください）

- □（　　　　　　　　　　　　）の広告を見て
- □（　　　　　　　　　　　　）の書評を見て
- □ 知人のすすめで
- □ タイトルに惹かれて
- □ カバーがよかったから
- □ 内容が面白そうだから
- □ 好きな作家だから
- □ 好きな分野の本だから

●最近、最も感銘を受けた作品名をお書きください

●あなたのお好きな作家名をお書きください

●その他、ご要望がありましたらお書きください

住所	〒				
氏名		職業		年齢	
新刊情報等のパソコンメール配信を 希望する・しない	Eメール	※携帯には配信できません			

あなたにお願い

この本の感想を、編集部までお寄せいただけたらありがたく存じます。今後の企画の参考にさせていただきます。Eメールでも結構です。

いただいた「一〇〇字書評」は、新聞・雑誌等に紹介させていただくことがあります。その場合はお礼として特製図書カードを差し上げます。

前ページの原稿用紙に書評をお書きの上、切り取り、左記までお送り下さい。宛先の住所は不要です。

なお、ご記入いただいたお名前、ご住所等は、書評紹介の事前了解、謝礼のお届けのためだけに利用し、そのほかの目的のために利用することはありません。

〒一〇一-八七〇一
祥伝社黄金文庫編集長　栗原和子
☎〇三（三二六五）二〇八四
ohgon@shodensha.co.jp

祥伝社ホームページの「ブックレビュー」からも、書けるようになりました。
www.shodensha.co.jp/bookreview

祥伝社黄金文庫

幸《しあわ》せな人生《じんせい》のつくり方《かた》
今《いま》だからできることを

令和 6 年 6 月20日　初版第 1 刷発行

著　者　坂東眞理子《ばんどうまりこ》
発行者　辻 浩明
発行所　祥伝社《しょうでんしゃ》
〒101－8701
東京都千代田区神田神保町 3－3
電話　03（3265）2084（編集部）
電話　03（3265）2081（販売部）
電話　03（3265）3622（業務部）
www.shodensha.co.jp

印刷所　堀内印刷

製本所　ナショナル製本

　ISBN978-4-396-31847-5 C0195

祥伝社黄金文庫

齋藤 孝
齋藤孝の ざっくり！ 日本史
「すごいよ！ポイント」で本当の面白さが見えてくる
歴史の「流れ」「つながり」がわかれば、こんなに面白い！「文脈力」で読みとく日本の歴史。

齋藤 孝
齋藤孝の ざっくり！ 世界史
歴史を突き動かす「5つのパワー」とは
5つのパワーと人間の感情をテーマに世界史を流れでとらえると、本当の面白さが見えてきます。

齋藤 孝
齋藤孝の ざっくり！ 西洋哲学
ソクラテスからマルクス、ニーチェまでひとつかみ
ソクラテス以後、2500年の西洋哲学史。これらを大きく3つの「山脈」に分ければ、まるっと理解できます！

齋藤 孝
齋藤孝の ざっくり！ 美術史
5つの基準で選んだ世界の巨匠50人
うまさ、スタイル、ワールド、アイディア、一本勝負……齋藤流の「5つの切り口」で味わう名作たち。

齋藤 孝
「型破り」の発想力
武蔵・芭蕉・利休・世阿弥・北斎に学ぶ
日本人なら誰でも知っている5人の巨人。彼らの創造力、更新力、美意識に学ぶ「新しい価値」を生む方法。

和合亮一
ふたたびの春に
震災ノート 20110311–20120311
何が変わり、何が残ったのか。福島在住の詩人が記した、2011年3月11日からの1年。

祥伝社黄金文庫

安田　登　疲れない体をつくる「和」の身体作法　能に学ぶ深層筋エクササイズ

なぜ、能楽師は80歳でも現役でいられるのか？「和」の知恵と「洋」の知識で快適な体を取り戻す。

安田　登　ゆるめてリセット　ロルフィング教室　1日7分！　体を芯からラクにするボディワーク

画期的で科学的なボディワーク、ロルフィング。「能」との共通性に着目した著者が提案するエクササイズ。

安田　登　能に学ぶ「和」の呼吸法　信長がストレスをパワーに変えた秘密とは？

深い呼吸と発声が、心と体の隠れた力を引き出す！　信長は、なぜ戦いの直前に『敦盛』を舞ったのか？

安田　登　体と心がラクになる「和」のウォーキング　芭蕉の〝疲れない歩き方〟でからだをゆるめて整える

『おくのほそ道』を歩いた芭蕉の歩き方は、深部の筋肉を活性化させる、からだに優しいエクササイズだった！

安田　登　『論語』は不安の処方箋

孔子は四十にして「惑わず」とは言わなかった！　孔子時代の古代文字から読みなおす。解説内田樹氏。